A Livable Future is Possible: Confronting the Threats to Our Survival
By Noam Chomsky and C.J. Polychroniou
Copyright © 2024 Truthout, C.J Polychroniou and Valeria Chomsky
All rights reserved.
No part of this book may be used or reproduced in any manner whatever without written permission except in the case of
brief quotations embodied in critical articles or reviews.
Korean Translation Copyright © 2025 by Genie's Library Co., Ltd.
Korean edition is published by arrangement with Haymarket Books through BC Agency, Seoul

이 책의 한국어판 저작권은 BC에이전시를 통해 저작권자와 독점계약한 ㈜지니의서재에 있습니다.
저작권법에 의해 한국 내에서 보호를 받는 저작물이므로 무단전재와 복제를 금합니다.

우리는
다른   미래를
상상할 수 있을까

우리는
다른 미래를
상상할 수 있을까

펴낸날 2025년 8월 10일 1판 1쇄

지은이 노엄 촘스키, C. J. 폴리크로니우
옮긴이 최유경
펴낸이 金永先
편집 이교숙
디자인 타입타이포
표지 인물사진 출처 Duncan Rawlinson / CC BY 2.0

펴낸곳 알토북스
주소 경기도 고양시 덕양구 청초로 10 GL 메트로시티한강 A동 19층 A1-1924호
전화 (02) 719-1424
팩스 (02) 719-1404
출판등록번호 1978년 5월 15일(제13-19호)

ISBN 979-11-94655-09-1 (03300)

> 알토북스와 함께 새로운 문화를 선도할 참신한 원고를 기다립니다.
> 이메일 geniesbook@naver.com (원고 투고)

- 이 책은 저작권자와의 계약에 따라 발행한 것이므로 본사의 허락 없이는 어떠한 형태나 수단으로도 이 책의 내용을 사용하지 못합니다.
- 파본은 구입하신 서점에서 교환해 드립니다.

노엄 촘스키,
C. J. 폴리크로니우 지음
최유경 옮김

우리는
다른   미래를
상상할 수 있을까

시대의 지성,
노엄 촘스키에게 묻다

알토북스

* 프롤로그 *

미래는 행동하는 당신에게
달려 있다!

    이 책은 현대 역사상 가장 많이 인용되며, 오늘날 세계에서 가장 영향력 있는 대중 지식인 중 한 명인 노엄 촘스키Noam Chomsky와의 심층 담론을 담고 있다.

    2020년 헤이마켓 북스에서 출간된 『부당한 권위: 우리 시대의 도전에 맞서다』의 후속작으로 인류가 직면한 핵심적인 글로벌 이슈들을 더욱 심화된 시각에서 조망한다.

    기후 위기, 고조되는 핵전쟁의 위협 등 오늘날 가장 시급한 글로벌 문제들이 이 책의 중심 주제다. 동시에 새롭게 형성되고 있는 세계 질서의 흐름과 그 안에서 부상하는 위험 지역들을 다각도로 살펴본다. 미국 민주주의의 미래에 깊은 우려를 불러일으키는 파시즘의 부상 역시 주요하게 다뤄진다.

그럼에도 불구하고 '절망을 넘어선 낙관'은 늘 노엄 촘스키 사상의 핵심에 있다. 그는 여전히 인류가 기후 재앙과 핵전쟁의 위기를 피할 수 있다고 믿는다. 현재 95세인 촘스키는 일생 동안 흔들림 없이 지켜온 신념을 바탕으로 더 나은 세상을 위한 행동이 필수적이라고 강하게 주장한다.

기후 위기 문제에 있어 그는 경제학자 로버트 폴린Robert Pollin의 공헌을 특히 높이 평가한다. 폴린은 화석연료 이후의 시대를 정의롭고 평등하게 전환해 나가면서 동시에 번영할 수 있는 경제 모델을 제시해 왔다. 이 책에는 기후 위기를 주제로 한 촘스키와 폴린의 대담이 수록되어 있으며, 촘스키는 매사추세츠 대학교 애머스트의 정치경제연구소에서 그들이 이끄는 연구가 지구의 파국을 막는 데 결정적인 역할을 할 수 있다고 보았다.

또한 이 심층 대담집에서는 오늘날 가장 뜨거운 논쟁의 중심에 있는 인공지능AI에 대해서도 심도 있게 다룬다. 수십 년간 언어학의 거장으로서 인지과학, 심리학, 철학, 컴퓨터 과학 분야에 지대한 영향을 끼쳐온 촘스키의 AI에 대한 통찰은 특별한 가치를 지닌다.

『어떻게 살 만한 세상을 만들 것인가』는 촘스키와의 네 번째 대담

집이다. 이전 세 권과 마찬가지로 이 책에 담긴 대다수 대담은 미국의 진보 성향 비영리 언론 매체인 《트루스아웃Truthout》에 게재되었던 내용들이다.

이 책의 궁극적인 목적은 세계 최고 지식인의 통찰과 제안을 다음 세대의 활동가들, 관심 있는 시민들, 그리고 전 세계 수백만 명의 독자들에게 전달하는 데 있다. 그리고 그는 늘 이렇게 말해 왔다.

"투쟁은 계속된다!"

— C.J. 폴리크로니우

✲ **차례** ✲

8   **프롤로그**
     미래는 행동하는 당신에게 달려 있다!

1부   기후와 기술

이제, 가능한 미래를 상상하라

17   지구의 생존을 지켜 내기 위한 단 하나의 길
44   기후 위기의 향방을 가를 브라질의 선택
58   지금, 현실적인 기후 프로젝트를 시작하라
82   챗GPT가 진가를 발휘하는 영역
103   다른 세상은 가능하다, 이제 현실로 만들자

2부 균열의 정치
극우, 패권, 그리고 민주주의 이후

- 119 우리는 신(新)파시즘의 길 위에 있다
- 135 당신이 가난한 건 당신 탓이 아니다
- 165 극단의 시대, 당신의 선택은 무엇인가
- 185 민주주의를 무너뜨리는 방식은 언제나 닮아 있다
- 196 누가 전쟁을 결정하고, 누가 고통을 감당하는가
- 207 중국의 부상 앞에서 미국이 택한 길
- 228 이념보다 현실, 미국 외교의 진짜 얼굴
- 240 이란 제재, 잘못 겨눠진 '응징의 화살'
- 248 이란 핵을 둘러싼 진짜 게임은 따로 있다

1부

기후와 기술

이제, 가능한 미래를 상상하라

기후 위기는 인간이 만들어 낸 위기다. 그렇기에 이를 되돌릴 수 있는 유일한 존재 역시 우리 자신이다. 기술은 해결책이 될 수도 있지만, 동시에 위기를 더욱 가속화하는 도구가 될 수도 있다. 이 장은 기후 정의, 기술 혁신, 인공지능, 그리고 사회적 전환을 가로지르며, 우리 시대가 마주한 가장 근본적인 질문을 던진다.
"지금, 우리는 어떤 세상을 설계하고 있는가?"

• 노엄 촘스키 & 로버트 폴린 •

지구의 생존을 지켜 내기 위한 단 하나의 길

2023년 7월 7일

C. J. 폴리크로니우

▥ 노엄, 지난 수십 년 동안 우리 인간의 활동은 물리적 환경에 막대한 영향을 미쳤습니다. 다양한 방식으로 말이죠. 이제 지구 온난화의 주범이 인간이라는 사실은 더 이상 논란의 여지가 없어 보입니다. 실제로 이산화탄소 총배출량의 거의 90%가 화석연료 연소에서 비롯됩니다. 물론 지난 30여 년 동안 탄소 배출을 줄이고 환경 파괴를 완화하기 위한 구체적인 조치들이 일부 시행되기는 했습니다.

하지만 생물 다양성의 급격한 감소를 비롯해 지구에서 벌어지는 실제 변화들과 이러한 문제들을 해결하고자 우리가 취한 조치들 사이의 간극은 줄어들기는커녕 오히려 점점 더 벌어지고 있는 듯합니다. 실제로 현재의 기후 위기 대응 방식 자체에 근본적인 문제가 있다는 비판도 제기되고 있습니다. 예컨대, 화석연료 사용을 근본적으로 줄이기보다는 탄소 포집 기술에 더 많은 관심과 자원이 쏠리는 현실이 이를 잘 보여 줍니다.

각국 정부가 내놓은 기후 정책의 미비함을 보여 주는 또 다른 사례는 최근 유럽연합이 채택한 '산림 벌채' 관련 법안입니다. 유럽 각국 정부는 벌채와 연관된 상품의 수입을 금지하기로 합의했지만, 동시에 유럽 은행이나 투자자들에게 해당 벌채에 대한 자금 지원을 중단하도록 요구하지는 않았습니다.

이처럼 정책 결정과 경제적 이해관계가 복잡하게 얽혀 있는 상황에서 이 연결고리가 효과적인 환경 보호와 지구 온난화 억제를 위한 통합 전략의 실행을 가로막는 주요 장애물로 작용한다면, 우리는 과연 어떻게 이 난제를 극복할 수 있을까요?

─ 노엄 촘스키

▌▌▌▌ 2년 전, 조 바이든의 기후 특사인 존 케리는 "과학자들에 따르면, 우리가 2050년 또는 더 빠르면 2045년까지 거의 탄소 제로 배출을 달성하는 데 필요한 감축량의 50%는 우리가 아직 개발하지 못한 기술들로 가능할 것입니다."라고 보고했습니다. 하지만 낙관적인 메시지를 전달하려 했던 이 전망은 실상 그다

지 안심할 수 있는 내용은 아니었습니다. 정치경제학자 아담 투즈Adam Tooze가 지적했듯이 이 약속은 세계은행과 국제통화기금IMF이 보증을 통해 투자 위험을 제거하고, 수익성이 확보될 때만 유효하기 때문입니다. '아직 우리가 개발하지 못한 기술'들은 여전히 존재하지 않거나, 현실적으로는 구체적인 상상조차 어려운 단계에 머물러 있습니다. 일부 기술적 진전이 이뤄지긴 했지만, 이는 현재 우리가 직면한 위기를 해결하기엔 턱없이 부족한 수준입니다.

현재 가장 큰 문제는 화석연료 사용을 중단하기 위해 지금 당장 필요한 조치들이 '미래의 기술 혁신이 모든 것을 해결해 줄 것'이라는 막연한 기대 속에 계속해서 미뤄지고 있다는 점입니다. 그 사이 우리는 지구를 불태우며, 화석연료 산업에 막대한 자금을 계속 쏟아붓고 있습니다. 이 산업은 이미 천문학적인 수익을 올리고 있으며, 그 자금을 어디에 써야 할지조차 모를 정도로 막강한 재정을 축적하고 있습니다. 화석연료 산업계는 이런 상황을 오히려 반기고 있습니다. 탄소 포집 기술에 일정 부분 자금을 투입할 수도 있겠지만, 그 규모는 산업 전체로 보면 거의 미미한 수준에 불과할 것입니다. 물론 이러한 투자는 어디까지나 정부의 지원을 통해 위험 부담이 최소화된다는 전제가 따릅니다.

한편, 더 많은 연방 토지가 화석연료 생산을 위해 개방되고 있으며, 약 300마일에 이르는 '마운틴 밸리 파이프라인' 같은 프로젝트에는 특혜가 주어지고 있습니다. 이 파이프라인은 조 맨친 상원의원이 세계 경제를 인질 삼아 협상 끝에 관철시킨 조건이기도 합니다. 이 외에도 업계를 위한 각종 편의 조치들이 계속해서 이어지고 있습니다. 자산운용사들과 기술의 비약적 진보에 대한 이런 열광 뒤에는 사실상 스팀슨 독트린 Stimson Doctrine이 자리하고 있습니다. 80여 년 전, 제2차 세계대전 당시 헨리 스팀슨 Henry Stimson 미국 전쟁부 장관은 이렇게 말했습니다.

> "자본주의 국가에서 전쟁을 수행하거나 대비하려면, 기업들이 그 과정에서 돈을 벌 수 있도록 해야 한다. 그렇지 않으면 협조하지 않을 것이다."

이것이 바로 오늘날 시스템이 작동하는 방식입니다. 우리가 그것을 허용하는 한 말이죠. 전쟁 초기에는 많은 기업이 이런 거래에 소극적이었습니다. 대부분의 기업은 개혁적인 뉴딜 정책을 싫어했고, 자신들의 이익에 전적으로 헌신하지 않는 정부와 협력하기를 꺼렸죠. 하지만 정부가 돈을 쏟아붓기 시작하자 그런 망설임은 곧 사라졌습니다. 정부는 전쟁 물자 생산에 엄청난 자원을 투입했고, 스팀슨 독트린에 따라 정부와 계약을 맺은 기업에 막대한 이윤을 보장하는 정책을 펼쳤습니다. 이는 훗날 '군산 복합체'라고 비판받게 되었지만, 더 정확히 말하면 이는 미국 산업 정책의 비공식적인 작동 메커니즘이라 할 수 있습니다. 공공 자금이 첨단 기술 기반의 신흥 경제를 지원하는 수단이기도 하죠. 시모어 멜먼Seymour Melman 등이 지적했듯이 이 시스템은 구조적으로 비효율적이지만, 의회 승인을 상대적으로 쉽게 받아낼 수 있는 방식입니다.

그들은 이를 '모든 사람에게 도움이 되는 훌륭한 자유 기업 시스템'이라고 부르며 포장했습니다. 아이젠하워 대통령은 이 구조를 '군산 의회 복합체'라고 불러야 한다고 했죠. 그 표현이 더 정확했을 것입니다. 그렇다면 왜 의회는 이 구조를 묵인했을까요? 이에 대한 설득력 있는 해석은 정치경제학자 토머스 퍼거슨Thomas Ferguson의 '정치 투자 이론'에서 찾을 수 있습니다. 그는 이렇게 말했습니다.

> "미국 정치의 가장 중요한 특징은 '돈이 모든 것을 주도한다는 것'이다. 우리나라에서 두 주요 정당은 무엇보다 '은행 계좌'와도 같아서 무언가 정치적 변화가 일어나려면, 그 계좌에 돈이 들어 있어야 한다. 물론 유권자들도 정치를 움직일 수는 있지만 쉽지 않다. 많은 시간과 노력을 쏟아붓거나, 노동조합이나 풀뿌리 시민단체와 같은

조직을 스스로 만들어야만 가능한 일이다. 실질적인 정치적 영향력을 행사하는 것은 결국 자금이 뒷받침되는 주장뿐이며, 예외가 있다면 사람들의 관심을 다른 곳으로 돌리는 데 유용한 담론 정도일 것이다."

오늘날 우리가 살고 있는 세계를 올바로 이해하는 것은 이 난제를 해결할 실마리를 제공할 뿐만 아니라 현재의 지배적 질서, 스팀슨 독트린 체제에 맞서는 방법 또한 제시해 줍니다. 이 독트린은 지구가 회복 불가능한 수준으로 뜨거워지고 있는, 이 심각하고도 긴박한 위기 속에서 사실상 인류에 대한 종말 선언과도 다름없습니다. 생물 다양성의 급격한 감소를 포함해 지구 곳곳에서 벌어지고 있는 변화와 우리가 환경과 기후를 위해 반드시 취해야 할 행동 사이의 간극을 외면하는 것은 자멸을 선택하는 행위에 가깝습니다. 더욱이 이 간극은 줄어들기는커녕 점점 더 벌어지고 있는 것처럼 보입니다.

상황을 좀 더 들여다보면, 희망적인 측면과 우려스러운 징후들이 복잡하게 뒤얽혀 있음을 알 수 있습니다. 그 대표적인 사례 중 하나가 아마존 열대우림입니다. 아마존이 지구 생태계에서 얼마나 중요한 역할을 하는지는 이미 잘 알려져 있죠. 이 숲은 본래 자생적 생태 균형을 유지할 수 있는 능력을 지니고 있지만 일단 한계점을 넘어서 손상되기 시작하면, 그 붕괴는 빠르게 진행되며 되돌릴 수 없는 파괴로 이어질 수 있습니다. 그 여파는 아마존 지역에만 국한되지 않고, 전 세계에 심각하고도 돌이킬 수 없는 영향을 미치게 될 것입니다.

브라질에서 자이르 보우소나루가 대통령이던 시절, 대형 농업 기업과 광산, 벌목 회사들은 무분별하게 아마존 숲을 파괴했습니다. 이 과정에서 오랜 세월 자연과 조화롭게 살아온 원주민 공동체는 심각한 위협을 받았죠.

대표적인 사례로 2019년부터 2022년까지 보우소나루 정부 시기 동안 브라질 전역에서 산림 파괴가 급격히 증가했는데, 그 주된 원인은 소 사육을 위한 목초지 확대였습니다. 쇠고기 수출을 위해 8억 그루 이상의 나무가 베어졌습니다. 이런 상황을 조사하고 고발했던 원주민 전문가 브루노 페레이라와 그와 함께 일했던 언론인 돔 필립스는 아마존에서 활동하던 중 살해당하는 사건까지 일어났습니다. 브라질의 과학자들은 이미 아마존 일부 지역이 되돌릴 수 없는 생태적 전환점을 넘어 사바나(초원) 지대로 바뀌었다고 경고합니다. 이는 숲의 영구적인 파괴를 뜻하며 회복할 수 없다는 점에서 매우 심각한 위협입니다.

2022년 루이스 이나시우 룰라 다 시우바의 대통령 당선은 오랜 시간 이어져 온 파괴를 멈출 수 있다는 희망을 안겨주었습니다. 룰라는 환경부 장관으로 마리나 실바를 임명했는데 그녀는 용감하고 헌신적인 환경운동가로 오랜 세월 인상적인 활동을 펼쳐 온 인물입니다. 그러나 애덤 스미스Adam Smith의 표현을 빌리자면, '인류의 주인들'을 자처하는 경제 권력자들은 절대 가만히 있지 않습니다. 그들을 대변하는 이들이 의회에서 실바 장관의 권한을 점차 축소시키며 또다시 개입하기 시작한 것이죠.

희망적인 소식은 또 다른 분야에서도 들려왔습니다. 《워싱턴 포스트》에 따르면, 중국은 현재 재생에너지 분야에서 세계적인 선두주자로 떠오르고 있습니다. 중국은 배터리와 태양광 패널을 비롯한 친환경 에너지 제품을 대량으로 생산하고 있으며, 재생가능에너지 확대에 매우 적극적인 행보를 보이고 있습니다. 이에 비해, 미국은 1인당 기준으로 상당히 뒤처진 상황입니다. 중국은 2030년 이전에 탄소 배출 정점에 도달하고, 2060년까지 탄소 중립을 실현할 가능성이 크다는 평가를 받고 있습니다. 실제로 작년 한 해에만 역대 최대 규모의 태양광 발전 설비가 설치되었으며, 올해에는 미국 전체의 태양광 설비 용량을 초과하는 규모의 신규 설비가 추가로 설치될 예정입니다.

하지만 여기서 주목해야 할 점은 《워싱턴 포스트》의 해당 기사가 중국을 칭찬하기 위해 작성된 것이 아니라는 사실입니다. 오히려 기사에서는 중국을 비판하며 미국이 기후 위기에 대응하기 위해 중국에 압력을 가해야 한다고 주장하고 있습니다. 또한 중국의 총 탄소 배출량이 미국의 두 배 이상이라는 점은 강조하면서도, 인구 1인당 배출량 기준으로는 미국이 훨씬 높다는 사실은 언급하지 않고 있죠. 아울러 기사는 중국이 기후 문제 해결에 좀 더 적극적으로 나서도록 유도하는 다양한 방안을 논의하고 있지만, 정작 가장 핵심적인 수단 하나는 의도적으로 회피하고 있습니다.

미국 상무부 장관 지나 러몬도는 지난 화요일, 미국이 세계 2위 경제 대국인 중국에 압박을 가하기 위해 동맹국들과 협력하고 있다고 밝혔습니다. 그녀는 '중국의 기술 발전을 정말로 늦추고자 한다면, 유럽과 힘을 합쳐야 한다'고 강조했습니다. 미국은 세계를 구할 수 있는 첨단 기술을 개발하고 있는 중국의 혁신을 억제해야 한다고 보고 있으며, 이를 위한 전략은 이미 공개적으로 천명되었고 긍정적인 평가를 받고 있습니다.

그 핵심은 바로 첨단 기술에 필수적인 컴퓨터 칩에 대한 중국의 접근을 차단하는 것입니다. 동시에 러몬도 장관은 중국에 강력한 경고를 보냈습니다. 중국이 미국 반도체 기업인 마이크론 테크놀로지Micron Technology의 메모리 칩 구매를 사실상 금지한 조치에 대해, 미국은 이를 좌시하지 않겠다고 밝혔으며, 이러한 '경제적 강압'에 대응하기 위해 동맹국들과 긴밀한 공조를 이어가고 있다고 말했습니다.

이 모든 상황은 기후 위기로 지구가 중대한 위험에 직면한 지금, 국제 사회가 내세우는 이른바 '규칙 기반 국제 질서'가 실상 얼마나 위선적이며, 자국의 경제적 이익에 맞춰 철저히 설계된 체계인지를 여실히 드러냅니다.

C. J. 폴리크로니우

▮▮▮▮ 인도는 중국을 제치고 세계에서 가장 인구가 많은 나라가 되었으며, 앞으로 수십 년간 그 수는 계속 증가할 것으로 보입니다. 그렇다면 지구를 지키기 위해, 우리는 인류의 인구 자체를 줄여야만 하는 걸까요?

— 노엄 촘스키

▮▮▮▮ 세계 인구의 감소는 필요하며 어쩌면 상당한 수준에 이를지도 모릅니다. 다행히 이를 위한 인도적인 해결책이 존재합니다. 바로 '여성 교육'입니다. 여성 교육은 단지 환경 보호라는 목표를 넘어, 그 자체로도 반드시 추구해야 할 가치입니다. 그리고 이는 선진국과 개발도상국 모두에서 인구의 자연스러운 감소로 이어진다는 사실이 이미 입증되었습니다.

1948년 채택된 세계인권선언 역시 '모성과 아동은 특별한 보살핌과 지원을 받을 자격이 있으며, 모든 아동은 결혼을 통한 출생 여부와 무관하게 동일한 사회적 보호를 받아야 한다'고

명시하고 있습니다. 여성 교육은 이러한 기본적인 인권 보장의 맥락 속에서 함께 추진되어야 합니다.

'세계인권선언'은 미국의 주도로 시작된 것이었지만 그것은 오래전 일이며, 당시에는 뉴딜 시대의 사회민주주의가 레이건 시기의 친기업적 공세로 약화하기 이전이었습니다. 그 시기, 세계인권선언에 포함된 '사회경제적 권리 조항'들은 시간이 흐르며 점차 조롱과 무시의 대상이 되었습니다. 레이건 행정부의 유엔 대사였던 진 커크패트릭은 이러한 조항들을 '산타클로스에게 보내는 편지'에 비유하며 달성 불가능한 희망 사항에 불과하다고 깎아내렸습니다. 이어 레이건 및 조지 H. W. 부시 행정부에서 인권 및 인도주의 정책을 담당했던 폴라 도브리안스키 또한 커크패트릭의 입장에 동조했죠. 도브리안스키는 경제적·사회적 권리가 인권의 일부라는 주장은 신화에 불과하다며 이를 바로잡는 것이 필요하다고 주장했습니다. 그녀는 이러한 권리들이 결국 모호한 희망과 불분명한 기대만을 담고 있는, 이른바 '빈 그릇'에 지나지 않는다고 폄하했죠. 더 나아가 부시 행정부의 유엔 대사였던 모리스 에이브럼은 이러한 사회경제적 권리들을 '터무니없고 위험한 선동'이라고까지 비난했습니다. 그는 세계인권선언의 해당 조항들을 거의 그대로 반영한 개념인 '개발권(모든 인간이 발전의 혜택을 공정하게 누릴 권리)'에 대해 유일하게 반대표를 던진 인물이기도 합니다.

그 무렵부터 미국 정치권 전반에서는 초당적으로, 이른바 '산타클로스에게 보내는 편지'라 불리던 사회경제적 권리 조항들을 무시하거나 경시하는 태도가 자리 잡기 시작했습니다. 물론 그 냉소의 강도에 있어서는 여전히 공화당이 한발 앞서 있는 듯합니다. 오늘날 의회에서 벌어지는 우스꽝스럽고 비현실적인 논쟁들만 보아도 이러한 흐름이 여전히 이어지고 있음을 어렵지 않게 확인할 수 있습니다.

이에 대해서는 더 하고 싶은 말이 많지만, 그 이야기는 다음 기회로 미루겠습니다.

'정의로운 전환'은 야심 찬 기후 변화 대응 정책을 실현하는 데 핵심적인 요소입니다. 그렇다면 정의로운 전환이 효과적인 기후 대응에 있어 그렇게 중요한 이유는 무엇일까요? 또 그것은 일반 시민들의 삶에 어떤 방식으로 영향을 미치게 될까요?

─ **로버트 폴린**

▍ '정의로운 전환'이라는 용어는 다양한 맥락에서 사용됐습니다. 우선 저는 이 개념을 화석연료 산업에 생계를 의존하는 노동자들과 지역 사회를 어떻게 지원할 것인가라는 문제를 지칭하는 데 사용하고자 합니다. 이어서 이 용어의 두 번째 의미, 즉 저소득 국가들이 추진하는 그린 뉴딜 프로그램을 고소득

국가들이 어떻게 뒷받침할 수 있을지에 대해서도 살펴보겠습니다.

우선, 첫 번째 쟁점인 화석연료 산업에 의존하는 노동자들과 지역 사회를 어떻게 지원할 것인가의 문제를 이해하려면, 전체적인 맥락을 살펴볼 필요가 있습니다.

우리가 여러 차례 논의했듯이 전 세계적으로 제로 배출 에너지 인프라를 구축하기 위한 에너지 효율 향상과 재생에너지 투자는 전반적인 일자리 창출의 핵심 동력이 될 것입니다. 즉, 지구를 구하기 위한 이러한 노력은 일자리 창출 면에서도 매우 긍정적인 효과를 낳습니다. 이는 도널드 트럼프와 같은 이들의 주장과는 전혀 다릅니다. 그들은 화석연료 소비를 줄이는 일이 환경에는 도움이 될지 몰라도 결국 일자리를 잃게 만든다고 말하지요. 그리고 환경보다 일자리를 더 중요하게 여기는 대중의 정서를, 부유한 해안 지역의 엘리트들이 외면하고 있다고 믿습니다.

이러한 입장이 실제로 사회적 공감을 얻기 위해서는 무엇이 필요할까요? 청정에너지로의 전환이 전반적으로 일자리 창출의 주요 동력이 되는 것은 사실이지만, 동시에 화석연료 산업의 단계적 폐지는 그 산업에 의존해 온 노동자들과 지역 사회에 불가피한 피해를 초래할 수밖에 없습니다. 관대하고 정의로운 전환 정책이 마련되어 있지 않다면, 해당 노동자들은 실직하거나 급격한 소득 감소를 겪을 가능성이 큽니다. 또한 지역 사회 역시 학교, 보건소, 공공 안전과 같은 필수 서비스에 쓰이는 공공 재정이 줄어드는 직접적인 타격에 직면하게 됩니다.

이런 상황에서 정의로운 전환에 대한 확고한 약속 없이 노동자들과 지역 사회가 화석연료 산업의 단계적 폐지에 강하게 반발하는 것은 전혀 놀라운 일이 아닙니다.

따라서 이들을 위한 '실행 가능한 정의로운 전환 프로그램'은 고(故) 토니 마조키Tony Mazzocchi의 초기 구상에서 출발해야 합니다. 마조키는 '정의로운 전환'이라는 용어를 처음 사용한 인물로 1993년 원자력 발전소 및 관련 시설의 단계적 폐쇄를 염두에 두고 다음과 같이 말했습니다.

> "한 체제의 경제에서 다른 체제로 전환하는 과정에서 사람들에게 보상을 제공하는 것은 절대 시혜적 복지가 아닙니다. 매일같이 독성 물질을 다루며 세상에 꼭 필요한 에너지와 자재를 공급해 온 이들은 새로운 삶을 시작할 수 있도록 정당한 지원을 받을 자격이 있습니다."

이러한 마조키의 관점을 출발점으로 삼아 우리는 이제 관대하고 정의로운 전환 정책이 구체적으로 무엇을 포함해야 하는지 명확히 정립해야 합니다. 이러한 정책에서 가장 핵심적인 원칙은 노동자들의 생활 수준이 급격히 하락하지 않도록 실질적인 보호 장치를 마련하는 것입니다. 이를 실현하려면 노동자들에게 다음 세 가지가 반드시 보장되어야 합니다.

첫째, 노동자들에게 새로운 일자리를 제공해야 합니다. 둘째, 이 새로운 일자리는 기존 화석연료 산업에서 받던 급여 수준에 상응하는 보수를 보장해야 합니다. 셋째, 기업이 사업 규모를 축소하더라도 노동자들의 연금은 안정적으로 유지되어야 합니다. 이와 더불어 실직한 노동자들이 새로운 일자리를 탐색하고 재교육을 받으며, 이주에 필요한 지원을 받을 수 있도록 돕는 시스템 역시 마련되어야 합니다. 다만 이러한 지원은 중요하긴 하지만 어디까지나 보조적인 조치에 해당합니다. 이런 지원만으로는 화석연료 산업의 단계적 축소가 가져올 생활 수준의 급격한 하락을 온전히 막을 수 없기 때문이죠.

선진국들의 정의로운 전환 정책 현황을 살펴보면, 유럽연합 EU, 독일, 영국 일부 지역에서만 노동자를 위한 정책이 실제로 시행되고 있으며, 미국, 일본, 캐나다는 아직 제안 단계에 머물러 있습니다. 게다가 독일, 영국, EU의 정책조차 일자리 탐색, 재교육, 이주 지원 등이 기초적인 수준에 그치고 있어 노동자들에게 실질적으로 필요한 수준의 보장을 제공하는 국가가 사실상 없는 실정입니다.

가장 구체적이고 실질적인 '정의로운 전환' 정책의 사례는 유럽연합이 '유럽 그린 딜'이라는 틀 안에서 추진해 온 접근에서 찾아볼 수 있습니다. 유럽연합 집행위원회 프란스 티메르만스 부위원장은 "우리는 석탄 광산 지역 등 가장 큰 영향을 받는 유럽의 지역들과 연대해야 합니다. 그래야 유럽 그린 딜이 모두의 지지를 받으며 실현될 수 있습니다."라고 강조했죠.

이러한 정신에 따라 유럽연합 집행위원회는 2020년 1월 '정의로운 전환 기금'을 설립했고, 이는 단순한 원칙 선언을 넘어 구체적인 정책적 약속으로 나아가려는 조치였습니다. 그러나 지금까지 이 기금의 적용 범위와 지원 자금의 수준은 티메르만스 부위원장이 말한 '모두의 전폭적인 지지'를 이끌어 내기에는 여전히 부족한 실정입니다. 특히 정의로운 전환 기금은 실직자들을 위한 지원을 기술 개발, 재교육, 구직 활동 지원 등으로 한정하고 있으며, 정작 노동자들이 가장 절실하게 필요로 하는 재고용 보장, 임금 수준 유지, 연금 안정성 확보와 관련된 명확한 규정이나 조항은 포함되어 있지 않습니다.

좀 더 탄탄한 '정의로운 전환' 프로그램이 무엇인지 가늠하기 위해 저는 동료들과 함께 미국 8개 주와 미국 전체 경제를 대상으로 한 모델을 개발했으며, 최근에는 한국을 위한 예시 프로그램들도 마련했습니다. 현재로서는 미국 내에서 화석연료 의존도가 가장 높은 지역인 웨스트버지니아주의 사례에 주목하는 것이 유의미할 것입니다. 그만큼 이 지역은 관대한 정의로운 전환 프로그램을 실현하기에 특히 어려운 환경이기 때문입니다.

웨스트버지니아를 위한 정의로운 전환 정책은 이 주의 전반적인 그린 뉴딜 프로그램의 핵심 구성 요소가 될 것이며, 이는 매우 중대한 과제입니다. 전체 프로그램의 틀에서 보면, 2030년까지 화석연료 생산은 50% 감소하고, 그에 따른 에너지 공급의 공백은 청정에너지 분야에 대한 대규모 투자를 통해 메워질 예정입니다. 우리는 이러한 청정에너지 투자가 2030년까지 웨스트버지니아 전역에서 평균 약 25,000개의 일자리를 창출할 것으로 추정하고 있습니다.

화석연료 산업의 축소로 인해 실제로 얼마나 많은 일자리가 사라지게 될까요? 현재 웨스트버지니아주에서는 약 40,000명이 화석연료 산업 관련 분야에 종사하고 있으며, 이는 주 전체 노동력의 약 5%에 해당합니다. 그러나 중요한 점은 이들 40,000명이 모두 한꺼번에 일자리를 잃는 것이 아니라는 것입니다. 화석연료 생산이 2030년까지 약 50% 줄어들 것으로 예상됨에 따라, 약 20,000개의 일자리가 점진적으로 사라질 것으로 보입니다. 이는 매년 평균 2,000개가 조금 넘는 일자리가 줄어드는 셈입니다. 하지만 그중 약 600명은 매년 자발적으로 은퇴할 것으로 추정되므로 실제로 실직에 직면하는 근로자는 연평균 약 1,400명, 즉 주 전체 노동력의 0.2% 수준입니다. 이 수치는 웨스트버지니아주가 청정에너지 전환을 통해 약 25,000개의 새로운 일자리를 창출하게 되는 상황에서 나오는 계산입니다.

요약하면 매년 실직에 직면하는 약 1,400명의 근로자를 위한 새로운 일자리 기회는 충분히 마련될 수 있습니다. 이들에게 기존과 유사한 수준의 임금과 연금을 보장하고, 필요에 따라 재교육, 구직 활동, 이주 지원 등을 제공하는 데에는 근로자 1인당 연간 약 42,000달러의 비용이 소요될 것으로 추정됩니다. 이를 모두 합치면, 연간 총비용은 약 1억 4,300만 달러, 즉 웨스트버지니아 전체 경제 활동의 약 0.2% 수준입니다. 다시 말해, 화석연료 산업으로 인한 실직자를 위한 관대하고 포괄적인 '정의로운 전환' 정책은 웨스트버지니아처럼 화석연료 의존도가 높은 지역에서도 재정적으로 무리 없이 충분히 실현 가능하다는 의미입니다.

우리가 조사한 미국 내 다른 7개 주의 경우, 유사한 정의로운 전환 프로그램을 시행하는 데 드는 비용은 각 주 총생산의 0.001%에서 0.02% 사이에 불과했습니다. 미국 전체 경제 규모로 보면, 정의로운 전환에 필요한 재정은 국내총생산GDP의 약 0.015% 수준에 그칠 것으로 추정됩니다. 이는 웨스트버지니아주에서 시행하는 전환 프로그램의 비용이 그 주 경제에서 차지하는 비중의 1/10에서 1/20에 해당하는 낮은 수준입니다. 다시 말해, 근로자들에게 충분하고 실질적인 지원을 제공하는 정의로운 전환 정책은 미국 전체 경제에서 보면 거의 눈에 띄지 않을 정도로 미미한 비용입니다. 다른 고소득 국가들 역시 이와 유사한 규모의 투자를 통해 미국과 비슷한 수준의 정의로운 전환 효과를 실현할 수 있을 것입니다.

이제 지역 사회의 전환을 살펴볼까요. 실제로 현재 화석연료 산업에 의존하고 있는 지역 사회들은 이 산업의 쇠퇴에 적응하는 데 엄청난 도전에 직면할 것입니다. 하지만 앞서 웨스트버지니아 사례에서 살펴본 것처럼, 이러한 쇠퇴는 청정에너지 산업의 급속한 성장과 동시에 일어날 가능성이 큽니다. 이 점은 효과적인 지역 사회 전환 정책을 추진하는 데 있어 중요한 기반이 됩니다. 즉, 기존 산업의 축소와 새로운 산업의 확장이 병행될 경우, 그 사이에서 지역 사회를 안정적으로 재편할 수 있는 실질적인 정책적 기회가 생기는 것입니다.

한 가지 중요한 예로 알래스카의 오래되고 광범위한 에너지 마이크로그리드 인프라에 청정재생에너지원, 주로 풍력과 태양광을 통합한 사례를 들 수 있죠. 마이크로그리드는 지역화된 전력망으로, 1960년대부터 이러한 전력망은 디젤 발전기에 크게 의존해 왔습니다. 그러나 2005년 이후로 재생에너지는 디젤 연료의 점점 더 중요한 대안으로 자리 잡았습니다. 2015년 기준으로 알래스카 에너지 전력 센터는 이러한 발전을 다음과 같이 설명했습니다.

> "지난 10년 동안 에너지 자립성과 전력 비용 절감을 위해 재생에너지 발전에 대한 투자가 극적으로 증가했다. 현재 알래스카에는 70개 이상의 마이크로그리드가 운영 중이며, 이는 전 세계 재생에너지 기반 마이크로그리드의 약 12%를 차지한다. 이들 마이크로그리드는 소수력, 풍력, 지열, 태양광, 바이오매스 등을 통합한 그리드 규모의 재생에너지 발전 시스템을 갖추고 있다."

또 하나 주목할 만한 발전은 주로 호주, 독일, 미국에서 추진되어 온 방식으로, 폐광된 석탄 광산을 양수 발전소 부지로 전환하는 접근입니다. 이와 관련해 《월스트리트 저널》은 2022년 말 다음과 같이 보도했습니다.

> "한때 온실가스 배출의 원인이었던 광산들이 이제는 탄소 감축에 기여할 수 있는 전환점에 서 있다. 전 세계적으로 기업들은 폐광을 재활용해 재생에너지를 생산하는 방안을 모색하고 있으며, 그 핵심에는 '양수 발전pumped-

storage hydropower'이라는 100년 된 기술이 있다. 양수 발전은 물과 중력을 활용해 작동하는 일종의 거대한 배터리로, 전력이 남을 때는 물을 높은 위치의 저장고로 끌어올리고, 전력 수요가 급증하거나 다른 에너지원이 부족할 때는 그 물을 아래로 흘려보내 터빈을 돌려 전기를 생산한다. 이후 물은 다시 위로 펌프질 되어 이 과정이 반복된다.''

전문가들은 광산의 지상이나 지하 공간을 물을 저장하는 저장고로 활용하면 신규 시설을 처음부터 짓는 것보다 환경에 미치는 영향을 줄이고 초기 비용도 크게 절감할 수 있다고 평가합니다. 더 넓은 관점에서 보면, 화석연료에 의존하던 지역 사회들을 혁신적인 청정에너지 프로젝트를 통해 되살리는 기회는 충분합니다. 이와 관련해 바이든 행정부의 '인플레이션 감축법 Inflation Reduction Act'은 미국 내 청정에너지 투자 프로젝트에 대규모 자금을 지원하는 핵심 법안으로 이러한 전환을 촉진하는 긍정적인 역할을 하고 있죠. 물론 공화당 의원들은 무리한 부채 한도 협상을 통해 이 같은 재정 지원을 차단하려 했지만, 다행히 그 시도는 실패로 돌아갔습니다.

C. J. 폴리크로니우

|||| 화석연료 사용을 줄이고 청정에너지로의 전환이 지구의 생존을 위한 유일한 길이라면, 기후 행동은 궁극적으로 전 지구적 차원에서 조율되어야 합니다.

그렇다면 전 세계적인 정의로운 전환은 어떤 요소들을 포함해야 할까요? 그리고 여전히 부유한 나라와 가난한 나라 사이에 깊은 격차가 존재하는 현실 속에서 우리는 어떤 새로운 권력 구조와 국제 협력의 틀을 만들어야 할까요?

── **로버트 폴린**

|||| 첫째로, 기후 안정화를 위한 프로그램이 부유한 나라들만을 대상으로 해서는 안 된다는 점입니다. 발전 수준과 관계없이 모든 국가는 2050년까지 탄소 배출량을 '제로'로 만들어야 합니다. 현재 중국, 미국, 유럽연합이 전 세계 이산화탄소 배출량의 52%를 차지하고 있는 것은 사실입니다. 그러나 이것은 동시에, 설령 이 세 지역의 배출량이 내일 당장 '0'이 된다 하더라도 우리는 전 세계 배출량 감축 목표의 절반을 조금 넘긴 수준밖에 달성하지 못한다는 뜻이기도 하죠. 더 나아가 인도나 인도네시아처럼 크고 빠르게 성장하고 있는 개발도상국들이 여전히 화석연료 기반의 에너지 시스템에 의존해 성장한다면, 중국·미국·EU의 배출량이 완전히 '0'이 된다 하더라도 2050년

까지 전 세계 배출량은 지금과 크게 다르지 않을 수 있습니다.

핵심은 우리가 정말로 2050년까지 배출량 '0'이라는 목표를 달성하려면 모든 국가가 그 어느 나라도 예외 없이 함께 행동해야 한다는 점입니다. 따라서 그린 뉴딜 프로그램은 전 세계적 규모로 추진되어야 한다는 인식이 중요합니다. 앞서 고소득 국가의 노동자와 지역 사회를 위한 공정한 전환을 설명했지만, 이러한 정의로운 전환은 저소득 국가에도 동일하게 어쩌면 더 강하게 적용되어야 합니다.

무엇보다 청정에너지 전환을 위한 투자는 고소득 국가들처럼 저소득 국가들에서도 주요한 일자리 창출의 동력이 될 수 있습니다. 예를 들어, 제가 동료들과 함께한 연구에 따르면, 인도, 인도네시아, 남아프리카와 같은 곳에서 청정에너지 경제를 만드는 것은 이들 경제의 기존 화석연료 중심 에너지 기반 시설을 유지하는 것보다 같은 재정 지출 수준에서 2~3배 더 많은 일자리를 창출할 수 있습니다. 동시에 이러한 경제에서 화석연료를 단계적으로 없애는 것은 여전히 화석연료 산업에 의존하는 노동자들과 지역 사회에 손실을 줄 것입니다. 그러므로 이들 또한 앞서 언급한 미국이나 기타 고소득 국가들과 마찬가지로 정의로운 전환을 위한 실질적이고 체계적인 지원이 필요합니다.

우리는 여전히 이런 질문을 해야 합니다. 저소득 국가들의 그린 뉴딜 비용은 누가 부담해야 할까요? 지구의 생존을 위해서는 기본적으로 누군가는 반드시 비용을 감당해야 한다는 점을 인정해야 합니다. 그렇다면 누가, 얼마나, 어떤 방식으로 부담할 것인지에 대한 공정하고 실행 가능한 기준을 어떻게 세워야 할까요?

이 문제를 논의할 때 반드시 짚고 넘어가야 할 두 가지 핵심적인 사실이 있습니다.

첫째, 자본주의 산업 발전 초기부터 지금까지 기후 변화에 가장 큰 책임이 있는 주체는 주로 고소득 국가들 미국, 서유럽, 일본, 캐나다, 호주 등입니다. 이들 국가는 역사적으로 막대한 온실가스를 배출하며, 대기 오염과 기후 위기를 유발해 왔기 때문에 전 지구적 그린 뉴딜을 위한 자금 조달에 가장 큰 책임을 져야 합니다.

둘째, 현재 시점에서 보더라도 모든 국가와 지역에서 고소득층의 탄소발자국이 다른 계층보다 훨씬 큽니다. 2020년 옥스팜Oxfam 연구에 따르면, 전 세계에서 가장 부유한 상위 1%의 평균 탄소발자국은 전체 인구 평균보다 무려 35배나 큽니다. 따라서 어떤 최소한의 공정성 기준으로 보더라도 고소득 국가들과 고소득층 사람들은 어디에 살든 상관없이 전 세계 청정에너지 전환의 초기 비용 대부분을 부담해야 합니다. 동시에 이 초기 비용들이 투자라는 점도 기억합시다. 이 투자는 시간이 지나면 스스로 비용을 회수하고, 더 나아가 높은 효율성과 풍부한 재생에너지를 제공할 것입니다. 이미 재생에너지는 평균 비용 면에서 화석연료와 원자력보다 낮은 수준에 도달했으며 그 가격은 앞으로도 계속 하락할 것입니다.

하지만 지금 당장 저소득 국가들에 대해 전례 없는 속도와 규모로 투자 자금을 조달하는 일은 여전히 절실합니다. 우리는 이미 여러 선언과 약속에도 불구하고 민간 자본가들이 이를 스스로 해내지 않을 걸 알고 있죠. 노엄이 앞서 지적했듯이 민간 자본가들은 개발도상국 내 청정에너지 투자의 리스크가 공공기관에 의해 사전에 제거되기를 기다리고 있을 뿐입니다. 노엄의 말을 요약하자면, 이는 곧 민간 투자자들이 막대한 공공 보조금을 지원받아 투자를 시작하지만, 투자에 성공하면 그 이익은 전부 자신들이 가져가는 구조라는 것입니다. 여기서 말하는 공공 보조금의 출처는 고소득 국가 정부, 투자 대상국 정부, 또는 세계은행, 국제통화기금과 같은 국제 공공 금융기관들이 될 수 있습니다. 또한 고소득 국가 정부들은 2009년 처음 약속했던 저소득 국가에 대한 연간 1,000억 달러 규모의 기후 재정 지원을 여전히 이행하지 않고 있습니다. 실제로 2015년부터 2020년 사이, 35개 고소득 국가는 연평균 약 360억 달러를 제공했다고 보고했는데, 이는 약속한 금액의 3분의 1 수준에 불과합니다.

더 큰 문제는 이들 국가가 보고한 기후 재정 지원 규모가 실제보다 과장되어 있다는 점입니다. 이는 사실상 거의 모든 형태의 해외 원조와 투자를 '기후 재정'으로 분류하고 있기 때문입니다. 예를 들어, 2023년 6월 1일 자 《로이터Reuters》 보도에 따르면, 이탈리아는 한 소매업체가 아시아 전역에 초콜릿과 젤라토 매장을 열도록 지원했고, 미국은 아이티 해안가 호텔의 확장 사업에 대출을 제공했습니다. 벨기에는 아르헨티나 열대 우림을 배경으로 한 로맨스 영화 〈붉은 토양La Tierra Roja〉을 후원했으며, 일본은 방글라데시의 신규 석탄 발전소와 이집트의 공항 확장 사업에 자금을 지원했습니다. 석탄 발전소, 호텔, 초콜릿 가게, 영화, 공항 확장이 지구 온난화 대응 노력으로 보이나요? 물론 그렇지 않습니다. 그러나 이러한 사업들에 자금을 지원한 국가 정부들은 유엔에 이를 '기후 재정'으로 보고했고 해당 금액은 기후 대응 기여 총액에 포함되었습니다.

기후 변화를 막기 위해 개발도상국에서 실제로 필요한 프로젝트에 실질적이고 충분한 자금이 투입되기 위해서는 무엇보다 철저한 감시 시스템이 필수적입니다. 그러나 그것만으로는 충분하지 않습니다. 저소득 국가의 공공 투자 은행들은 해당 국가의 경제 구조 안에서 구체적인 투자 프로젝트를 기획하고 실행하는 데 중심적인 역할을 맡아야 합니다. 이들 기관은 공공, 민간, 그리고 공공-민간 협력 방식으로 추진되는 청정에너지 프로젝트에 자금을 배분하고 조정하는 중추적인 기능을 수행해야 합니다. 물론 각 프로젝트에서 공공과 민간의 소유 비율을 어떻게 설정하는 것이 가장 바람직한가에 대해 일률적인 정답은 없습니다. 이 점은 선진국에서도 마찬가지입니다. 어떤 방식이든 획일적인 해법을 고집하는 것은 비현실적이며, 각국의 경제 구조와 여건에 맞춘 유연한 접근이 요구됩니다.

하지만 한 가지는 분명합니다. 지난 40년간 신자유주의 체제 아래에서 민간 기업들이 과도한 이익을 누려온 구조를 앞으로도 그대로 유지하는 것은 명백히 불합리합니다. 만약 민간 기업들이 청정에너지 전환을 위해 대규모 공적 자금의 지원을 받는다면, 그에 상응하는 책임도 져야 합니다. 즉, 이익에 대한 일정한 공적 제한을 수용해야 한다는 것입니다. 실제로 미국의 민간 전력회사들에는 이러한 규제가 일상적으로 적용되고 있으며, 이는 시장 질서를 해치지 않으면서도 공공성과 민간 효율성을 조화시키는 방식으로 기능하고 있습니다.

이처럼 합리적인 규제 기준은 전 세계 어디에서든 충분히 도입 가능합니다.

* 노엄 촘스키 *

기후 위기의 향방을 가를 브라질의 선택

2022년 10월 13일

C. J. 폴리크로니우

▎ 노엄, 몇 주 전, 전 세계의 이목이 브라질 대통령 선거에 집중됐습니다. 현직 대통령인 자이르 보우소나루(분열을 일으키는 극우 포퓰리스트)와 과거 부패 및 돈세탁 혐의로 유죄 판결을 받아 수년간 복역했던 전직 좌파 대통령 루이스 이나시우 룰라 다 시우바가 맞붙었죠. 두 후보 모두 과반 득표에는 실패해 이달 말 결선 투표가 치러질 예정입니다. 그런데 왜 브라질의 선거가 전 세계적으로 그렇게 중요한 걸까요?

── 노엄 촘스키

▎ 1950년대, 탈식민화가 본격화되면서 과거 식민지였던 사회들은 단순한 독립을 넘어, 사회 정의의 실현과 국제 분쟁의 평화적 해결을 추구하기 시작했습니다. 비동맹 운동이 그 흐름 속에서 태동했고, 이 외에도 다양한 계획들이 함께 추진되었지요. 그러나 이러한 변화는 미국을 비롯해 그 이전의 제국주의 열강들에는 결코 받아들일 수 없는 일이었습니다. 브라질은 주셀리누 쿠비츠셰크, 자니우르 쿠아드루스, 주앙 굴라르트 등 1960년대 초반의 지도자들 아래에서 당대의 국제적 변화에 적극적으로 참여하고 있었습니다. 이에 대해 케네디 행정부는 특히 라틴아메리카(전통적으로 미국의 영향권으로 여겨졌던 지역)에서 일어나고 있는 이런 흐름에 깊은 우려를 표했습니다.

1962년, 존 F. 케네디는 라틴아메리카 군대의 역할을 '대륙 방어'에서 '내부 보안'으로 전환하는 결정을 내립니다. 이는 곧 군대가 외부 침략자로부터 국가를 방어하는 역할에서 자국 국민을 상대로 한 전쟁을 수행하는 체제로 전환되었음을 뜻합니다. 이 결정의 의미는 케네디 존슨 행정부에서 반 게릴라 작전을 총괄하던 찰스 메클링의 설명에서 더욱 분명해집니다. 그는 이 전환이 '라틴아메리카 군대의 탐욕과 잔혹성을 묵인하는 수준을 넘어서 그들의 범죄에 미국이 직접 가담하게 되는 결과'를 초래했다고 밝힙니다. 다시 말해, 미국은 사실상 '하인리히

힘러의 전멸 작전 방식'을 뒷받침하는 역할을 하게 된 셈이었습니다.

당시 미국의 주요 관심사는 라틴아메리카의 강국인 브라질이었습니다. 케네디 행정부는 1964년 군사 쿠데타의 기반을 조성했고, 이 쿠데타는 케네디가 암살된 직후 실행되어 성장 중이던 브라질의 민주주의를 무너뜨렸습니다. 이 쿠데타는 명백히 민주주의에 대한 파괴였지만, 당시 케네디-존슨 행정부의 브라질 대사였던 링컨 고든은 '민주적 반란'이라며 환영했습니다. 그는 이를 '자유세계의 위대한 승리'로 평가했고, 이로 인해 '민간 투자에 더욱 유리한 환경이 조성될 것'이라고 말했습니다. 이어 그는 이 민주적 반란을 20세기 중반 자유의 가장 결정적인 승리로, 그리고 이 시기의 세계사에서 중요한 전환점 중 하나라고까지 주장했지요.

고든의 말은 결과적으로 현실이 되었습니다. 가혹한 군사 정권이 들어선 브라질은 '국가 안보'를 최우선으로 내세우며 네오나치식 테러와 고문을 자행한 최초의 국가가 되었고, 이 모델은 라틴아메리카 전역으로 확산했습니다. 그 영향은 로널드 레이건 행정부 시기의 중앙아메리카에도 이어져, 폭력적인 군사 정권들이 연이어 등장하는 결과로 이어졌습니다.

1980년대에 이르러 남미에서는 전염병 발생이 줄어들었고, 미국의 영향력도 다소 약화하고 있었습니다. 아르헨티나와 우루과이에서는 진실위원회가 군사 정권의 잔혹 행위를 폭로했지만, 브라질에서는 그러한 노력이 거의 이루어지지 않았습니다. 민주화 과정에서도 교회가 주도한 일부 조사를 제외하면 대부분 이 문제를 외면했지요. 그 결과 많은 젊은 브라질인은 과거 정권이 자행한 끔찍한 범죄들을 알지 못하거나, 관심조차 두지 않게 되었습니다. 바로 그렇기에 군사 정권의 열렬한 지지자인 자이르 보우소나루는 브라질 장군들이 '약하다'고 비난할 수 있었던 것입니다. 그들이 아르헨티나 장군들처럼 3만 명을 학살하지 못했다는 이유로 말이죠.

이는 타락이 어디까지 갈 수 있는지를 보여 주는 극단적인 사례였습니다. 아마 트럼프의 지지자들에게는 꽤 인상 깊었던 장면이었을지도 모릅니다. 보우소나루는 지우마 호세프의 부당한 탄핵에 찬성표를 던지며, 그녀를 고문했던 군사 정권의 수석 고문에게 그 표를 바친 셈이었죠. 그 모든 일은 거의 주목도 받지 않은 채 조용히 지나갔습니다. 사실 이런 일들은 미국에서도 낯설지 않은 풍경이지요.

브라질에서의 민주주의 억압은 더 큰 민주주의 역사라는 흐름 속에서 하나의 단계에 불과했습니다. 이는 현대 역사에서 가장 중요하지만 제대로 조명되지 않은 주제 중 하나이기도 합니다. 구식 식민지들이 글로벌 체제 속에서 자신들의 자리를 찾으려는 노력을 강대국들이 어떻게 가로막았는가 하는 문제이지요. 미국은 이러한 시도를 용납하지 않았고, 서구 진영을 이끌며 그 움직임을 차단했으며 그 역사를 사실상 지워버렸습니다.

브라질은 21세기에 들어 민주화를 다시 추진하기 시작했습니다. 룰라 대통령(2003~2010) 재임 시기, 브라질은 세계에서 가장 존경받고 영향력 있는 국가 중 하나로 자리매김했으며, 세계은행은 이 시기를 브라질 역사상 '황금의 10년'으로 평가했습니다. 룰라는 외교부 장관인 셀소 아모림과 함께 국제무대에서 글로벌 사우스의 목소리를 강화하려는 외교적 노력을 주도했지요. 그러나 이러한 긍정적 성과들은 불안정하고 독재적인 자이르 보우소나루 정부하에서 결국 뒤집히고 말았습니다.

그럼에도 브라질은 여전히 큰 잠재력을 지니고 있습니다. 세계가 절실히 필요로 하는 자원을 풍부하게 보유하고 있으며, 여러 분야에서 문화적·기술적인 발전도 이루어냈지요. 하지만 브라질은 라틴아메리카 전역에서 흔히 볼 수 있는 문제, 즉 국가의 복지에는 거의 관심이 없는 특권층의 지배 아래에서 고통받고 있습니다. 이는 경제사학자들이 지적하듯이 자원이 풍부한 라틴아메리카와 자원이 부족한 동아시아 간의 개발 격차를 심화시킨 주요 원인 중 하나이기도 합니다.

진보적인 대중 운동을 기반으로 한 리더십 아래에서 협력할 수 있다면, 브라질과 미국은 세상을 더 밝은 미래로 이끌 수 있을 것입니다. 하지만 트럼프-보우소나루 연합은 오히려 세계를 절벽 끝으로 내몰 위험이 큽니다. 가장 시급하고도 중대한 문제는 아마존 숲의 미래입니다. 대부분 브라질 영토에 걸쳐 있는 이 숲은 현재의 추세가 지속된다면 '지구의 폐'라는 역할을 잃고 결국 사바나로 바뀌게 될 것입니다. 자생력을 상실하는 순간, 우리가 오랫동안 의존해 온 주요 탄소 흡수원은 오히려 탄소 배출원으로 전환되어 심각한 재앙을 초래하게 될 것입니다.

다른 많은 경우와 마찬가지로 이 비극이 실제로 닥칠 시점은 너무 낙관적으로 예상돼 왔습니다. 브라질의 연구자들은 이미 일부 지역에서 이러한 변화가 시작되었으며, 그 지역들은 되돌릴 수 없는 전환점을 넘어섰다고 경고하고 있습니다. 이 생존의 위기는 보우소나루가 불법 벌목, 광산 개발, 농업 확장 등을 옹호하고, 원주민 보호구역과 그 안에 거주하는 수많은 부족을 훼손하는 정책을 펼치면서 급격히 가속화되었습니다. 이 보호구역들은 법적으로 보호받고 있음에도 불구하고, 단기적인 이익과 권력 추구를 위해 그 법적 보호조차 무시되고 있습니다.

물론 이는 브라질만의 문제는 아닙니다. 그러나 인류에 대한 범죄라는 관점에서 볼 때, 브라질의 상황은 특히 심각합니다. 그 핵심 이유는 바로 '규모'에 있습니다. 그리고 이 심각성이 지금 더욱 두드러지는 이유는 아마존의 운명과 그로 인해 초래될 모든 결과가 10월 30일 결선 투표에서 결정될 수 있기 때문입니다. 보우소나루가 승리한다면, 아마존은 파괴의 길로 들어설 가능성이 매우 큽니다. 반면, 룰라가 승리할 경우 아마존은 구제될 수 있으며, 브라질이 직면한 재앙과 지구 생태계 전체의 파국 역시 피할 수 있을 것입니다.

희망적인 소식은 1차 투표에서 룰라가 승리에 가까운 결과를 거두었다는 점입니다. 이는 여론조사 예측과도 일치했습니다. 룰라의 노동당이 중도·좌파 성향의 정당들과 손잡은 것이 이 같은 결과를 이끌어 낸 것이고, 현재 이러한 협력과 폭넓은 연합이 더욱 공고해지고 있습니다. 이 흐름이 이어진다면 10월 30일 결선 투표에서 승리로 이어질 가능성도 충분합니다.

나쁜 소식도 있습니다. 첫째, 보우소나루가 얻은 표는 여론조사 예측치를 크게 웃돌았고, 그의 지지 후보자들은 주지사 및 의회 선거에서 압도적인 승리를 거두었습니다. 이는 설령 룰라가 대통령에 당선되더라도 정치적으로 큰 제약을 받게 될 가능성이 크다는 것을 의미합니다. 극우 세력의 부상은 리카르도 살레스와 같은 인물까지 포함했는데, 그는 보우소나루 정권 아래 아마존을 파괴하며 범죄자들에게 부를 안겨준 캠페인의 핵심 인물입니다.

일주일 뒤에는 북미 대륙에서도 중대한 선거가 치러집니다. 단순한 시기의 문제가 아니라, 권력 구조를 고려할 때 이 선거는 그 의미와 파급력이 훨씬 더 클 수 있습니다. 부인주의(공적으로 입증된 사실들을 부정하거나 축소하는 정치 세력) 정당은 의회 권력을 장악할 태세를 갖추고 있으며, 이미 역사상 가장 반동적인 성향의 대법원을 손에 넣은 상황입니다. 대법원은 나라를 오르반식 '비자유적 민주주의' 체제로 이끌려는 극우 캠페인에 강력한 조력자가 될 가능성이 큽니다. 또한 극우 성향의 소수 정당은 권력을 유지한 채, 미국을 극단적인 기독교 민족주의 국가로 몰고 가려 하고 있습니다. 이 모든 계획은 숨겨진 것도 은밀한 것도 아닙니다. 그들은 거리낌 없이 드러내고 있습니다.

이 끔찍한 흐름의 결과는 분명합니다. 통제 불능의 환경 파괴가 확산하고 있는 가운데 인간의 고통은 아랑곳하지 않은 채, 기업의 이익만을 극대화하려는 이들에 의해 모든 가치가 무력화될 것입니다. 질문에 대한 대답은 명확합니다. 지금 우리는 인류와 지구의 운명을 가를 결정적인 한 주를 앞두고 있습니다.

여론조사에서는 룰라가 보우소나루를 10% 이상 앞서는 것으로 나타났지만, 실제 선거는 예상보다 훨씬 더 치열했고, 보우소나루는 주지사 및 상원 선거에서 압승을 거두었습니다. 도

대체 무슨 일이 일어난 걸까요? 지금은 섣부른 판단을 내리기보다는 사실이 충분히 드러날 때까지 유보하는 것이 바람직합니다. 다만 한 가지 가능한 설명은 미국에서 이미 심층적으로 연구된 현상과 유사한 일이 브라질에서도 일어났을 수 있다는 점입니다.

브라질과 미국 모두에서 복음주의(보수적인 기독교 가치관을 지지하며 종교적 신념에 따라 강한 입장을 취함) 유권자층은 이제 극우 세력의 핵심 기반이 되었고, '악마와 한패인 자들이 권력을 잡으면 지옥에 떨어진다'는 식의 선전에 휩쓸리고 있습니다. 미국에서는 이러한 흐름이 1970년대, 공화당이 정치적 영향력을 확장하기 위해 이른바 '문화 전쟁'을 전략적으로 활용하기 시작했던 시기까지 거슬러 올라갑니다.

트럼프 지지자들은 여론조사 기관을 자신들이 혐오하는 엘리트 집단의 일부로 인식하고 있습니다. 그들은 이 엘리트들이 이른바 '대체 이론Great Replacement Theory'을 주도하며, 아이들을 성적으로 타락시키려 한다고 믿고 있죠(이는 현재 우파 담론의 과장된 비유가 아니라 실제로 주장되고 있는 내용). 이러한 인식 때문에 이들은 여론조사에 솔직하게 응답하지 않거나 아예 응답을 회피하는 경향이 있습니다. 브라질에서도 이와 유사한 현상이 나타났을 가능성이 큽니다. 이에 대한 실증적 연구가 존재할 수도 있지만 저는 아직 확인하지 못했습니다.

여론조사와 실제 선거 결과 간의 차이를 설명할 수 있는 또 다른 요인으로는 당선된 우파 정치인들 가운데 상당수가 거의 알려지지 않은 인물들이라는 사실을 들 수 있습니다. 이는 많은 유권자가 그들의 공약이나 정책조차 제대로 알지 못한 채 투표했을 가능성을 시사합니다. 미국에서도 이와 유사한 현상은 광범위하게 연구된 바 있습니다. 또한 선거를 앞두고 보우소나루는 국가 예산을 대규모로 투입해 잠재적 유권자들을 회유하려 했는데, 이를 위해 사용된 것이 바로 '비밀 예산'이라는 불투명한 공공기금이었습니다.

이 자금에는 브라질과 미국의 부유한 후원자들로부터 들어온 사적 자금이 포함되었을 가능성도 제기되고 있습니다. 이런 전략이 선거 결과에 어떤 영향을 미쳤는지는 짐작할 수 있지만, 정확한 사실은 확인되지 않았습니다. 우리가 분명히 알 수 있는 것은 단 하나, 이번 선거가 지닌 중요성은 결코 과소평가될 수 없다는 점입니다.

C. J. 폴리크로니우

⫼ 선거 운동 동안 보우소나루와 룰라 지지자들 사이에서는 폭력적인 사건들이 잇따라 발생했습니다. 두 후보가 결선에 진출한 지금도 이러한 분위기가 크게 달라질 가능성은 거의 없어 보입니다. 그렇다면 현대 브라질 사회를 이렇게 극단적으로 분열시킨 가장 근본

적인 원인은 무엇일까요?

── **노엄 촘스키**

▦ 이 문제에 대해서는 저보다 브라질을 훨씬 더 잘 아는 사람들에게 묻는 것이 타당하겠지만, 분열을 초래한 몇몇 요인은 비교적 분명해 보입니다. 앞서 언급했듯이 이 분열은 갑작스레 생긴 것이 아니라 오랜 시간에 걸쳐 형성된 것입니다.

브라질 사회의 불평등은 뿌리가 매우 깊습니다. 극소수의 부유층(대부분 백인)은 극심한 사치와 특권을 누리지만 불과 몇 거리 떨어진 빈민가에서는 많은 이가 식량과 식수조차 부족한 삶을 살고 있죠. 더 큰 문제는 이 부유층이 자신들과 함께 살아가는 사회에 대해 거의 책임감을 느끼지 않는다는 점입니다. 그들은 세금을 회피하고 자본을 해외로 유출시키는 한편, 사치품을 수입하고 파리에 별장을 소유하는 데도 아무런 주저함이 없습니다. 이러한 현상은 지난 40여 년간 '시장주의'라는 이름 아래 벌어진 가혹한 계급 투쟁의 결과이며, 오늘날 미국 사회에서도 점점 익숙해지고 있는 풍경이기도 합니다.

겉보기에 브라질은 미국보다 훨씬 더 원활하게 다인종 사회로서 기능하는 것처럼 보일 수 있습니다. 하지만 그것은 어디까지나 표면적인 인상일 뿐입니다. 그 이면에는 백인 지배층의 뿌리 깊은 인종차별과 극심한 계급적 편견이 자리 잡고 있지요. 이들이 룰라를 멸시하는 이유 중 하나는 거의 숨기려 들지도 않을 만큼 분명합니다. 그는 정규 교육을 받지 못한 단순한 공장 노동자 출신이기 때문입니다. 다시 말해, 그들은 그를 대통령궁에 어울리지 않는 인물로 여깁니다. 그가 백인이더라도 이러한 멸시는 사라지지 않을 것입니다. 이는 인종보다는 계급적 편견에서 비롯된 것으로, 특히 룰라가 아프리카계 브라질인과 원주민 공동체의 사회적 포용을 확대하고, '받을 자격이 없다'고 여겨지는 빈민층을 위한 복지 정책을 추진하면서 더욱 격화되었습니다.

이와 같은 현상은 미국에서도 너무나 뚜렷하게 나타나고 있어 굳이 길게 설명할 필요도 없을 정도입니다. '양극화'는 오늘날 전 세계적으로 더욱 심화하고 있지만, 그 근원은 오랜 시간에 걸쳐 뿌리내린 사회적 병리에서 비롯된 것입니다.

C. J. 폴리크로니우

|||| 보우소나루는 오랫동안 브라질의 선거 시스템에 대해 의문을 제기해 왔습니다. 따라서 이번 달 말, 결선 투표에서 그가 패배할 경우, 선거 결과를 받아들이지 않을 가능성도 있습니다. 특히 그의 정당이 현재 상·하원 모두에서 가장 많은 의석을 확보하고 있는 상황에서 브라질 군이 어떤 관점을 취할지도 중요한 변수로 떠오르고 있습니다.

노엄 촘스키

▏▏▏▏ 우리는 단순한 추측보다는 실제로 발생할 가능성의 범위를 좁혀 나가는 데 집중해야 합니다. 물론 브라질은 미국과는 다르지만 이런 질문은 그곳에서도 낯설지 않습니다. 두 나라 모두 사회 전반에 총기가 널리 퍼져 있고, 이는 최근 브라질에서 보우소나루가 지지자들에게 군수품을 대량 개방한 결과이기도 합니다. 그 결과 경찰조차 접근하기 어려운 지역을 장악한 중무장 민병대들이 존재하게 되었죠. 이런 민병대의 존재는 공공안전뿐 아니라 정치적 안정성에도 위협이 됩니다.

게다가 브라질에서는 군과 주요 경찰력에 대한 민간 통제가 미국처럼 강력하게 제도화되어 있지 않습니다. 이는 민주주의적 통제 메커니즘이 여전히 불안정하다는 점을 보여 줍니다. 하지만 미국 역시 비슷한 우려에서 자유롭지 않습니다. 미국에서는 공화당 지지자 중 다수가 '백인 인종, 기독교, 가족'을 파괴하려는 악의적 세력으로부터 나라를 지킨다는 명분 아래 폭력을 정당화하는 주장에 휩싸이곤 했습니다. 브라질에서도 이와 유사한 흐름이 목격됩니다.

양국 모두 사회의 가장 어두운 감정과 분열을 자극할 수 있는 능력을 지닌 대중 선동가들로 인해 고통받고 있습니다. 이들은 잘 알려진 인물들이고 유명하며 영향력이 있고, 권력과도 가까운 위치에 있습니다. 이러한 인물들은 언론과 소셜미디어를 통해 자신들의 영향력을 더욱 확대해 왔습니다. 만약 이들이 권력을 다시 쥐게 된다면 서반구는 두 강대국의 손에 의해 파괴의 길로 나아가는 악몽 같은 미래에 직면할지도 모릅니다. 이는 단지 국가 차원의 위기일 뿐만 아니라 국제적 불안정으로 이어질 수 있는 잠재적 위험을 내포합니다.

* 노엄 촘스키 & 로버트 폴린 *

지금, 현실적인 기후 프로젝트를 시작하라

2022년 10월 23일

C. J. 폴리크로니우

제27차 유엔기후변화협약 당사국총회 COP27가 2022년 11월 6일부터 18일까지 이집트에서 열립니다. 약 200개국이 모여 기후 위기 해결을 위한 또 하나의 시도를 하게 되겠죠.

지난해 글래스고에서 개최된 COP26은 '우리의 마지막, 최선의 희망'이라는 평가를 받았지만, 지나치게 많은 타협 속에 실질적인 성과를 내지 못했습니다. 이번 COP27에 대한 기대는 지구 온난화의 영향이 점점 더 명확히 드러남에 따라 더욱 엄격한 온실가스 감축 기준이 제시되기를 바라는 데 있습니다.

노엄, 이번 총회가 기후 위기 대응의 결정적인 전환점이 될 수 있을까요? 이번 회의에서 과연 실질적인 돌파구가 마련될 수 있을까요, 아니면 또 하나의 공허한 국제적 시도로 끝나고 마는 걸까요? 실제로 각국 정부는 왜 반복해서 지구 온난화를 늦추거나 되돌리는 데 실패하고 있는 걸까요? 우리가 지금 기후 위기의 벼랑 끝에 서 있다는 사실은 명백해 보이는데도 말입니다. 결국 우리를 이 심연에서 빠져나오지 못하게 가로막고 있는 근본적인 요인은 무엇일까요?

── **노엄 촘스키**

정부의 결정은 대체로 사회 내 권력 구조를 반영합니다. 애덤 스미스는 그의 고전적 저작에서 '인류의 주인들(그의 시대에는 영국의 상인과 제조업자들)'이 정부 정책의 주요 설계자로서 자신들의 이익을 최우선에 두도록 행동한다고 말했습니다. 그 이익이 사회 전체의 복지에 어떤 영향을 미치든 상관하지 않는다는 것이죠. 오늘날 정부가 재앙을 방지하는 데 필요한 조처를 하지 못하는 이유도 정책을 주도하는 핵심 세력이 더 '중요한' 우선순위를 두고 있기 때문입니다.

이를 실제 사례로 살펴보죠. 미국 정부는 최근 기후 관련 법안을 통과시켰습니다. 이는 바이든 행정부가 제안했던 방안 가운데 일부에 불과하며, 대중적인 기후 운동의 압력 속에서 마련된 것입니다. 하지만 그 내용은 결국 기업 부문, 다시 말해

'진정한 주인들'의 권력과는 경쟁조차 되지 않았습니다. 이 법안이 아무 의미가 없었던 것은 아니지만, 그 효과의 범위는 본질적으로 제한적이었고, 무엇보다도 그 '주인들'의 이해관계를 특별히 보호하는 조항들이 명확히 포함되어 있었죠.

인류의 '주인들'이 수용할 의향을 보였던 기후 법안에는 막대한 정부 보조금이 포함돼 있습니다. 《워싱턴포스트》에 따르면, 이 보조금은 이미 탄소 배출이 심각한 대규모 석유 및 가스 프로젝트를 추진하는 데 활용되고 있으며, 엑슨모빌ExxonMobil, 셈프라Sempra, 옥시덴탈 페트롤리움Occidental Petroleum 같은 기업들은 이를 통해 막대한 수익을 거둘 채비를 하고 있습니다.

이들 '주인들'의 요구를 충족시키기 위한 대표적인 장치 중 하나는 탄소 포집 기술에 천문학적인 공공 자금을 투입하는 것입니다. 하지만 이는 결국 '오염은 계속하되, 언젠가 누군가가 그것을 제거해 줄 거라는 기대에 의존하자'는 논리와 다를 바 없습니다. 지나치게 순진한 접근처럼 보일 수도 있지만, 실제로는 훨씬 더 악의적이라고 할 수 있습니다.

탄소 포집 기술의 가장 큰 아이러니는 그것이 실제로 가장 효과적으로 활용된 사례가 다름 아닌 더 많은 석유를 퍼 올리는 데 있다는 점입니다. 지금까지 미국 내에 구축된 주요 탄소 포집 프로젝트 가운데 단 하나를 제외한 모든 사례가 포집된 탄소를 지하 유정에 주입해 원유 생산을 증가시키려는 화석연료 기업들의 이익에 철저히 부합하도록 설계되어 있습니다.

실제 사례들은 그 결과가 너무 심각해서 차라리 우스꽝스럽다고 말하기조차 어렵습니다. 예를 들어, 어떤 보조금 제도는 기업들이 기후에 가장 해로운 지역에서 가스를 시추하도록 기업에 매력적인 인센티브를 제공합니다 이런 지역에서 나오는 연료는 이산화탄소$_{CO_2}$ 함량이 특히 높은데, CO_2는 온실 효과를 일으키는 주범이면서도 연료 생산에는 아무 쓸모가 없습니다. 그런데도 기업들은 이 CO_2를 포집한 양(톤 수)에 따라 세금 감면 혜택을 받습니다. 그 결과 오히려 기후에 가장 해로운 방식으로 돈을 버는 구조가 만들어지고 있는 겁니다. 믿기 어렵지만 이런 일이 실제로 벌어지고 있고, 이것이 바로 권력 있는 소수 기업들이 주도하는 자본주의 시스템이 어떻게 작동하는지를 보여 주는 사례입니다.

다른 사례들 역시 기업의 이익이 환경보다 우선시되는 현실을 적나라하게 보여 줍니다. 북극의 영구동토층에는 막대한 양의 탄소가 저장되어 있으며, 북극은 지구의 다른 어떤 지역보다 훨씬 빠르게 온난화가 진행되고 있습니다. 이로 인해 영구동토층이 점차 녹아내리고 있죠.

석유 대기업 코노코필립스$_{ConocoPhillips}$의 과학자들은 이 동토층의 해빙 속도를 늦추는 기술을 개발했습니다. 그런데 그 목적은 무엇일까요? 뉴욕타임스 보도에 따르면, 그 목표는 '석유 시추가 가능할 만큼 동토층을 단단하게 유지하는 것'이었습니다. 파괴를 향한 이 과도하게 급진적인 경쟁은 북극에만 국한되지 않습니다. 새로운 지역들이 탐사 대상으로 열리고 있으며, 전 세계적으로 2만 4천 킬로미터가 넘는 파이프라인이 새롭게 계획되고 있습니다. 이는 '기후 목표 달성을 위한 노력 자체가 거의 의도적으로 실패해 왔다'는 사실을 보여 줍니다.

기업 로비스트들은 심지어 환경에 대한 정보를 공개하려는 기업들을 처벌하도록 각 주 정부에 압력을 행사하고 있습니다. 공적 연금기금의 철회도 그 사례 중 하나입니다. 그들은 모든 수단을 동원합니다. 파괴할 수 있는 기회라면 아무리 작더라도 절대 놓치지 않죠. 이는 카를 마르크스Karl Marx가 지적했던 자본주의의 광란이 낳은 풍경 그대로입니다.

여기에는 나름의 일관된 논리가 존재합니다. 이 체제에서 게임의 규칙은 단순합니다. 이익과 시장 점유율을 확대하지 못하면 도태될 수밖에 없다는 것이죠. 사람들은 자신을 위안하며 어쩌면 기술 문명이 해결책을 마련해 줄 것이라는 희박한 희망을 품고 살아갑니다.

그러나 기후 파괴로 향하는 이 자멸적인 경로를 바꿀 방법은 분명 존재합니다. 그것은 사람들의 우선순위를 근본적으로 전환하고, 대중이 힘을 결집해 권력 구조 자체를 바꾸는 데 달려 있습니다. 다시 말해, '살기 좋은 세상에서 살아남는 것'이 우리 사회의 가장 중요한 우선순위가 되어야 한다는 뜻입니다.

지금의 체제를 지배하는 사람들은 이런 변화가 오면 자신들의 부당한 권력을 잃을까 두려워합니다. 하지만 세상의 규칙은 바뀔 수 있고, 우리에게는 이 위기에서 벗어나기 위한 현실적이고 긴급한 해결책을 빠르게 실행할 수 있는 가능성도 있습니다.

C. J. 폴리크로니우

|||| 로버트, 현재 기후 변화의 상황을 어떻게 보고 계신가요? 그리고 2050년까지 세계가 탄소 중립을 달성하기 위해서는 어떤 조치들이 필요하다고 보십니까?

― 로버트 폴린

|||| 현재의 기후 변화 상황은 매우 명확하며, 2022년 2월과 4월에 발표된 두 건의 주요 보고서가 이를 잘 설명해 주고 있습니다. 이 보고서들은 기후 변화 연구 분야에서 가장 권위 있는 기관인 '기후 변화에 관한 정부 간 패널IPCC'이 작성한 것입니다.

IPCC는 2월 보고서의 요약에서 '인간이 초래한 기후 변화가 자연에 심각하고 광범위한 혼란을 일으키고 있으며, 전 세계 수십억 명의 삶에 영향을 미치고 있다'고 경고했습니다. 기후

변화의 위험을 줄이기 위한 여러 노력에도 불구하고, 적응력이 낮은 인구와 생태계가 가장 큰 타격을 받고 있다는 것이죠. 보고서는 "강도가 심해진 폭염, 가뭄, 홍수가 식물과 동물의 생존 한계를 넘어서고 있으며, 나무와 산호 같은 종들이 대규모로 죽어가고 있다."라고 지적합니다.

이러한 극단적인 기후 현상들은 종종 동시에 발생하며, 그 영향은 점점 더 예측 불가능하고 통제하기 어려워지고 있습니다. 그 결과 특히 아프리카, 아시아, 중남미, 작은 섬 국가들, 그리고 북극 지역에서 수백만 명이 극심한 식량과 식수 부족에 시달리고 있습니다. 참고로 신뢰할 만한 많은 기후 과학자는 IPCC조차 현재의 생태 위기를 과소평가하고 있다고 지적하기도 합니다.

기후 안정화를 위해 우리가 취해야 할 조치는 명확합니다. 기후 변화의 주요 원인은 석유, 석탄, 천연가스 등 화석연료를 에너지 생산에 사용하는 데 있습니다. 이 과정에서 방출되는 이산화탄소가 대기 중에 열을 가두어 지구의 평균 온도를 상승시키는 것이죠. IPCC는 2018년 '1.5°C 지구 온난화 특별보고서'에서 2030년까지 전 세계 이산화탄소 배출량을 절반으로 줄이고, 2050년까지는 탄소 중립을 달성해야 한다고 제안했습니다. 이 보고서와 2022년 후속 연구에서 IPCC는 한층 더 강조했습니다. 산업화 이전 대비 지구 평균 기온 상승을 1.5°C 이내로 억제하는 것이 수십억 인구에 영향을 미칠 '심각하고 광범위한 생태계 파괴'를 줄이거나 막을 수 있는 사실상 유일한 방법이라는 점을 말입니다.

따라서 기후 안정을 위한 현실적인 해결책을 추진하는데 가장 핵심적인 과제는 석유·석탄·천연가스를 이용한 에너지 생산을 점진적으로 중단하는 것입니다. 2050년까지 화석연료 기반의 에너지 설비를 모두 철거하고, 고효율의 청정재생에너지(주로 태양광과 풍력)를 중심으로 한 완전히 새로운 세계 에너지 체계를 구축해야 합니다.

앞으로도 인류에게 에너지가 필요하다는 것은 분명한 사실입니다. 에너지는 건물에 불을 밝히고 난방과 냉방을 가능하게 하며, 자동차·버스·기차·비행기를 움직이고, 컴퓨터와 산업용 기계를 작동시키는 데 필수적입니다. 또한 기후 안정을 위한 최소한의 공정하고 평등한 방안인 즉, 우리가 '글로벌 그린 뉴딜'이라고 부를 수 있는 접근 방식은 전 세계 저소득층의 에너지 접근성과 이용량을 대폭 확대할 수 있어야 합니다.

기후 변화의 또 다른 주요 원인 중 하나는 기업 주도의 대규모 산업형 농업입니다. 이는 천연가스 기반의 비료, 합성 농약, 제초제 등을 사용해 생산성을 극대화하는 방식을 포함합니다. 여기에 더해 목축지를 확보하거나 산업형 농업을 확장하기 위한 산림 파괴도 중요한 원인 중 하나입니다. 이러한 원인에 대한 해결책은 원칙적으로 단순합니다. 산업형 농업을 생태 중심의 유기농법으로 전환하는 것입니다. 유기농법은 작물 윤작, 가축 분뇨와 퇴비의 비료 활용, 생태적 해충 관리 등을 포함합니다. 아울러 육류 소비를 줄이면 목초지를 유기농 경작지로 전환할 수 있는 여지도 커집니다. 또한 산림 벌채를 멈춰야 하며 특히 '지구의 허파'로 불리는 아마존 열대우림의 파괴를 중단하는 것이 시급합니다. 이 지역의 보존과 재조림을 위한 노력이 절실합니다.

이와 관련해 노엄 촘스키가 앞선 대담에서 강조했듯이 단지 기후 문제만 놓고 보더라도 2022년 10월 30일 브라질 대선에서 룰라가 자이르 보우소나루를 꺾는 것이 매우 중요합니다. 보우소나루는 경제적 이익을 앞세워 아마존 열대우림의 파괴를 서슴지 않았지만, 룰라는 그 보존과 재조림에 전념해 왔기 때문입니다.

따라서 앞서 주신 두 가지 질문, 현재 기후 변화의 상황과 우리가 무엇을 해야 하는가에 대한 답변은 브라질의 10월 30일 대선 이후에 훨씬 더 분명해질 수 있을 것입니다. 동시에 브라질의 사례는 좀 더 보편화해 적용할 수 있습니다. 다시 말해, 우리는 전 세계 어디에서든 룰라와 같은 정치인을 선출하고, 기후 변화의 현실을 부정하거나 화석연료 산업을 옹호하는 모든 사람, 즉 '전 세계의 보우소나루들'을 정치권에서 물러나게 해야 합니다. 하지만 선거 정치만으로는 절대 충분하지 않습니다. 아무리 원칙 있는 정치 지도자라 하더라도(룰라와 같은 인물일지라도) 지속적인 이윤을 위해 지구를 파괴하는 화석연료 기업들의 거대한 압박에 직면하면, 강력한 그린 뉴딜 프로그램에서 물러설 수밖에 없는 상황에 놓일 수 있습니다.

이 문제의 유일한 해법은 모든 정치인이 책임을 지도록 만드는 강력한 대중 조직화입니다. 최근 몇 년 동안 전 세계 곳곳에서 대규모 기후 운동이 일어났고, 그 중심에는 주로 젊은 세대가 있었습니다. 이러한 운동이 더욱 강력해져야 하며, 점점 더 영향력 있는 방식으로 진화해 나가야 합니다.

조금 더 구체적으로 말하자면, 에너지 효율성을 획기적으로 향상하고 청정에너지의 글로벌 공급을 대폭 확대하는 데 필요한 투자는 전 세계 모든 지역에서 일자리 창출의 주요 동력이 될 수 있습니다. 이것은 매우 긍정적인 전망입니다. 하지만 이러한 신규 일자리가 반드시 '양질의 일자리'가 되리라는 보장은 없습니다. 우리가 여전히 자본주의 체제 안에서 작동하고 있기 때문입니다. 따라서 기후 운동가들은 노동조합과 기타 노동 단체들과 긴밀히 연대하여 수백만 개의 새로운 청정에너지 분야 일자리에 대해 적정 임금, 충분한 복리후생, 양호한 근로 조건을 확보할 수 있도록 노력해야 합니다. 동시에 전 세계적으로 화석연료 산업이 점진적으로 축소될 경우, 현재 이 산업에 의존하고 있는 노동자들과 지역 사회는 대규모 실직과 경제적 타격에 직면할 수밖에 없습니다. 그러므로 이들을 위한 정의로운 전환을 보장하는 것은 '글로벌 그린 뉴딜'의 핵심 과제 중 하나가 되어야 합니다.

최근 에너지 전환과 관련해 긍정적인 움직임도 관찰되고 있습니다. 청정재생에너지에 대한 투자가 지난 2년간 연평균 약 12%씩 증가했기 때문입니다. 이는 2015년 파리에서 열린 COP21 직후 5년 동안의 상황과는 뚜렷한 대조를 이룹니다. 당시에는 글로벌 청정에너지 투자의 연평균 증가율이 고작 2%에 불과했으니까요. 요즘 청정에너지 투자가 급증한 가장 큰 이유는 태양광과 풍력 발전의 비용이 급격히 하락하면서 화석연료와 원자력보다 경제적으로 더 경쟁력을 갖추게 되었기 때문입니다.

2020년 기준으로 고소득 국가에서 화석연료를 이용한 전력 생산의 평균 비용은 킬로와트시$_{kWh}$당 5.5센트에서 4.8센트 사이였습니다. 하지만 이 비용은 2021년에 크게 상승했는데 이는 코로나19 이후의 봉쇄 조치로 인한 공급망 붕괴와 러시아의 우크라이나 침공 같은 지정학적 요인 때문이었습니다. 반면, 2021년 기준으로 태양광 발전의 평균 비용은 킬로와트시

당 4.8센트, 육상 풍력은 3.3센트로 나타났습니다. 특히 주목할 만한 점은 태양광 발전 비용이 2010년부터 2021년 사이 약 90%나 하락했다는 사실입니다. 기술 발전이 지속되고 관련 산업이 계속해서 확장된다면, 태양광과 풍력의 평균 비용은 앞으로도 더욱 낮아질 것으로 예상됩니다.

하지만 이러한 긍정적인 진전은 여전히 전 세계적으로 CO_2 배출량이 감소하기 시작했다는 어떤 뚜렷한 증거도 없다는 냉혹한 현실과 대비되어야 합니다. 2020년에는 코로나19로 인한 글로벌 봉쇄 조치의 영향으로 배출량이 일시적으로 다소 줄어들었지만, 2019년 기준 전 세계 CO_2 배출량은 370억 톤에 달했습니다. 이는 2000년 대비 약 50%, 2010년 대비로는 약 12% 증가한 수치입니다. 결론적으로 화석연료 기반의 에너지 시스템에서 고효율 및 재생가능에너지 중심의 글로벌 에너지 체제로의 전환, 열대우림 보호 및 유기농 중심의 농업 시스템으로의 변화는 IPCC가 제시한 기후 안정화 목표를 달성하기 위해 빠르게 가속화되어야 합니다.

이러한 전환을 이루기 위해서는 모든 국가의 참여가 필수적이라는 점을 분명히 인식해야 합니다. 현재의 온실가스 배출 수준이나 경제 규모와 무관하게 전 세계 모든 국가가 이 변화에 동참해야 한다는 사실은 단순한 글로벌 배출량 분석만으로도 분명하게 드러납니다.

현재 중국과 미국은 전 세계 배출량의 가장 큰 비중을 차지하고 있습니다. 중국은 전체의 31%, 미국은 14%를 배출하고 있으며, 두 국가를 합치면 전 세계 배출량의 약 45%에 해당합니다. 하지만 이 수치를 반대로 살펴보면, 중국과 미국의 배출량을 합쳐도 여전히 전 세계 배출량의 55%를 설명하지 못한다는 사실이 드러납니다. 여기에 EU 27개국의 배출량(8%)까지 더하더라도 전체의 53%에 불과합니다. 다시 말해, 중국, 미국, EU를 제외한 국가들이 여전히 세계 온실가스 배출량의 거의 절반을 차지하고 있다는 뜻입니다. 결론적으로 2050년까지 전 세계적으로 탄소 중립을 달성하려면, 어느 지역도 예외 없이 모든 국가가 배출 제로를 실현해야 합니다.

C. J. 폴리크로니우

||||| COP27은 종종 '아프리카 COP'라고 불릴 만큼 아프리카와 관련된 이슈들이 주요 의제로 다뤄질 것으로 보입니다. 아프리카는 전 세계 온실가스 배출량의 단 3%만을 차지하지만, 기후 변화로 인한 피해를 가장 크게 겪고 있는 지역이기도 합니다. 분명히 기후 위기로 인한 '손실과 피해' 문제는 이번 회의에서 핵심적인 논의 주제가 될 것입니다.

이 사안에 대해 어떻게 생각하시는지요? 이미 EU가 기후 피해 기금 논의에 부정적인 입장을 보이고 있으며, 미국 역시 그와 크게 다

르지 않으리라 예상됩니다. 그렇다면 과연 이번 회의에서 '기후 배상'에 대한 진전된 논의가 가능할까요? 아니면 더 현실적인 대안이 있을지 궁금합니다.

로버트 폴린

역사적으로 고소득 국가들 특히 미국을 비롯해 캐나다, 서유럽, 유럽 전체, 호주 등은 온실가스를 대량 배출함으로써 대기 중에 기후 변화의 원인을 형성한 주요 책임 국가들이었습니다. 따라서 이들 국가가 글로벌 그린 뉴딜을 위한 자금 조달에 핵심적인 책임을 져야 합니다. 하지만 앞서 언급했듯이 최근에는 중국이 다른 어떤 나라보다 더 많은 온실가스를 배출하고 있습니다. 그렇기에 중국 역시 기후 금융의 책임에서 벗어날 수는 없죠.

우리는 또한 모든 국가와 지역에서 상위 소득층이 다른 계층에 비해 훨씬 더 많은 탄소를 배출한다는 사실에 주목해야 합니다. 전 세계적으로 최상위 10%의 부유층은 최하위 10%의 빈곤층보다 평균적으로 60배에 달하는 탄소를 배출하고 있습니다. 이런 맥락에서 글로벌 그린 뉴딜을 위한 재원 마련에는 각국의 고소득층에게 더 큰 책임이 부과되어야 합니다.

그러나 더 넓은 시각에서 본다면 에너지 체계 전환을 위한 재원 조달 문제를 단지 비용 분담의 관점으로만 접근하는 것은 바람직하지도 생산적이지도 않습니다. 우리는 이러한 전환이 실제로 과도한 부담을 요구하지 않으며, 친환경적인 글로벌 그린 경제가 막대한 이익과 새로운 가능성을 가져올 수 있다는 점을 인식해야 합니다.

이와 관련하여 다음과 같은 사항들을 고려해 볼 수 있습니다.

첫째, 제 연구를 포함한 여러 연구에 따르면, 2050년까지 제로 배출 목표를 달성하기 위한 글로벌 기후 안정화 프로그램은 매년 약 4.5조 달러의 청정에너지 투자 지출을 해야 합니다. 이로 인한 총 누적 지출은 약 120조 달러에 이를 것으로 보입니다. 언뜻 보면 다소 놀라운 수치죠. 하지만 2050년까지의 글로벌 GDP 규모를 고려하면, 이는 전체의 약 2.5%에 불과합니다. 다시 말해, 지구를 구하는 데 필요한 투자를 감당하면서도 나머지 약 97%의 글로벌 소득은 다른 용도로 활용할 수 있다는 뜻이죠. 게다가 시간의 흐름에 따라 평균 소득은 점차 증가할 것으로 예상됩니다.

둘째, 글로벌 청정에너지 기반 시설 구축은 장기적으로 그 자체의 비용을 상쇄할 뿐만 아니라 모든 에너지 사용자에게 경제적 이익을 가져다줄 것입니다. 에너지 효율 향상을 위한 투자는 본질적으로 동일한 수준의 에너지 서비스를 더 낮은 비용으로 제공할 수 있기 때문이죠. 예를 들어, 겨울철에 주거 공간을 따뜻하고 밝게 유지하는 것이 그런 사례가 될 수 있겠죠. 또한 재생가능 에너지원으로 생산된 전기의 킬로와트당 비용은 이미 평균적으로 화석연료나 원자력 에너지보다 낮은 수준이며, 이 비용은 앞으로도 계속 하락하는 추세를 보이고 있습니다.

셋째, 청정에너지 기반 시설은 기존의 자본 집중적이고 대기업 주도의 화석연료 시스템과는 달리 더 분산된 구조를 갖추게 될 것입니다. 예컨대, 태양광 설비는 건물의 옥상이나 주차장, 또는 인근 지역에도 쉽게 설치할 수 있으며, 풍력 발전기는 농작물 생산에 영향을 주지 않으면서 농지 위에 설치할 수 있습니다. 이러한 변화는 개발도상국의 농촌 지역을 포함한 전 세계 저소득 공동체에 에너지 접근성을 확대할 새로운 기회를 제공할 것입니다. 실제로 현재 이들 지역에 거주하는 인구의 약 절반은 전기 사용이 전혀 불가능한 상황에 놓여 있습니다.

요컨대, 글로벌 청정에너지 경제의 구축은 단순한 환경적 필요를 넘어 투자자와 소비자, 특히 공공 및 민간 협동조합과 같은 소규모 투자자들에게도 중대한 기회로 인식되어야 합니다. 그럼에도 초기 투자 자금을 마련하는 일은 여전히 필수적입니다. 다행히 이를 감당할 수 있는 공정하고도 충분한 재원은 존재합니다.

우선, 각국의 국방비 일부를 전환하는 방안을 고려해 볼 수 있습니다. 현재 미국의 국방 예산은 전 세계 군사 지출의 약

40%를 차지합니다. 만약 전 세계 국가가 자국 군사 예산의 5%만 기후 대응 투자로 전환한다면, 미국의 기여분은 전체 글로벌 기후 투자에서 여전히 40%에 이를 것입니다.

또한 모든 국가는 기존 화석연료 보조금을 폐지하고 이를 청정에너지 지원금으로 전환할 수 있습니다. 아울러 부유한 국가들의 중앙은행은 국내외 청정에너지 투자 확대를 위해 녹색 채권을 매입할 수 있으며, 그 과정에서 이익도 창출할 수 있습니다. 실제로 선진국 중앙은행들은 코로나19 봉쇄 시기에 각국 GDP의 10%를 넘는 규모의 금융시장 구제 자금을 투입하는 데 주저하지 않았습니다. 세계 녹색 채권 기금은 이와 같은 구제 프로그램의 10분의 1 정도 수준으로 설정될 수 있을 것입니다.

마지막으로, 탄소세도 유효한 재원이 될 수 있습니다. 다만 이 제도는 고소득층이 주로 부담하고, 조성된 세수는 중·저소득층 에너지 소비자에게 환급되도록 설계되어야 합니다. 글로벌 금융 프로젝트는 정부 자금에 상응할 만큼의 민간 투자 유치 또한 필수적입니다. 그러나 화석연료 투자에서 얻는 이익을 강력히 제한하거나 철회하는 공공 정책이 수반되지 않는다면, 민간 투자자들이 충분한 자금을 제공할 가능성은 작습니다. 이와 관련해 미국 상원의원 셸던 화이트하우스와 하원의원 로 칸나가 제안한 석유 기업 초과 이윤세는 좋은 출발점이 될 수 있습니다.

작년 글래스고에서 열린 COP26 기후 회의 이후 주요 민간 금융기관들의 약속 이행 현황을 보면, 정부 주도의 더욱 강력한 조치가 절실하다는 점이 분명해집니다. 당시 회의에서 가장 주목받았던 발표 중 하나는 '넷제로Net-Zero를 위한 글래스고 금융 연합GFANZ'의 출범이었습니다. 약 500개 금융기관이 참여한 이 연합은 총 130조 달러에 달하는 자산을 보유하고 있으며, 이는 전 세계 민간 금융 자산의 약 3분의 1에 해당하는 규모입니다. GFANZ 회원사들은 2050년까지 탄소 순배출 제로 경제 전환을 지원하겠다고 공식 선언했습니다. 하지만 현재 많은 주요 회원사가 이 약속에서 발을 빼고 있습니다.

그 이유는 비교적 분명합니다. 《블룸버그 그린Bloomberg Green》의 보도에 따르면, 특히 석탄 산업을 중심으로 한 화석연료 시장의 반등이 탄소 감축에 대한 의지를 약화시킨 것으로 보입니다. 실제로 2022년 첫 9개월 동안 금융기관들이 화석연료 기업에 제공한 대출 규모는 전년 같은 기간에 비해 15% 증가해 총 3,000억 달러를 넘어섰습니다. 기후금융 전략 전문가인 일출 프로젝트의 저스틴 가이Justin Guay는 "은행들은 COP26에서 장밋빛 약속을 내걸고 박수갈채를 받는 데는 열심이었지만, 정작 그 약속을 이행하라는 요구가 이어지자 조용히 빠져나갈 명분을 찾고 있습니다."라고 지적했습니다.

C. J. 폴리크로니우

▥ 노엄, 이 문제에 대해 어떻게 보십니까? 이른바 '삼중 위기' 즉, 책임, 완화, 적응이라는 세 가지 과제를 놓고 기후 운동가들과 COP27 개최국인 이집트를 비롯한 글로벌 사우스의 여러 정부는 기후 위기에 가장 큰 책임이 있는 국가들이 이 위기를 해결할 주체라고 주장하고 있습니다.

노엄 촘스키

▥ 질문을 조금 더 정리해, 기후 위기의 책임 문제를 좀 더 깊이 들여다보겠습니다.

실제로 기후 위기의 주요 책임은 선진국의 고소득층에 있으며, 이는 단지 기후 문제를 넘어 훨씬 더 광범위한 영향을 초래하고 있습니다. 예를 들어, 세계 최대 경제 대국인 미국에서도 일반 노동자들은 심각한 물가 상승에 시달리고 있습니다. 이러한 인플레이션의 주된 원인 중 하나는 러시아의 우크라이나 침공으로 인한 에너지 가격의 급등입니다. 그런데 화석연료 산업은 이 같은 위기 상황에서 막대한 이익을 챙기고 있죠. 이에 대한 단기적 대응으로 셰로드 브라운과 셸던 화이트하우스 상원의원은 석유 기업의 탐욕스러운 이윤 추구에 과세하고, 그 수익을 소비자에게 직접 환원하는 법안을 제안했습니다. 하지만 이는 문제의 본질을 건드리지도 못한 채 표면만을 다루는 조치에 불과합니다.

이러한 경제적 불균형은 지난 40여 년간 지속되어 온 신자유주의 정책의 직접적인 결과라고 할 수 있습니다. 그동안 약 50조 달러에 달하는 부가 사회 최상위 1%에게 집중되었죠. 경제학자 로버트 폴린은 1970년대를 기점으로 실질 임금의 지속적인 상승이 멈췄다고 지적합니다. 이는 레이건과 대처 정부 이후, 노동자와 저소득층을 겨냥한 기업의 구조적 압박이 강화된 데 따른 결과입니다. 만약 실질 임금이 생산성 향상 속도에 맞춰 올랐다면, 2021년 기준 평균 노동자의 시간당 임금은 25.18달러가 아닌 61.94달러에 이르렀을 것입니다. 또한 불평등이 억제되었다면 대기업 CEO의 보수가 1978년에는 평균 노동자 임금의 33배 수준이었으나, 2019년에는 무려 366배로 치솟는 일도 없었을 겁니다. 이는 권력이 제대로 통제되지 않을 때, 노동자와 저소득층이 감당하게 되는 구조적 불이익을 단적으로 보여 주는 사례입니다.

이 모든 내용은 이른바 '삼중 위기'를 제대로 이해하는 데 필수적인 배경입니다. 글로벌 그린 뉴딜은 단지 기후 변화로 피해를 본 국가들을 돕는 데 그쳐서는 안 됩니다. 그것은 수 세기 동안 지속되어 온 계급적 착취 구조를 근본적으로 해체하는 방향으로 나아가야 하며, 특히 신자유주의 시대에 들어 더욱 심화한 불평등과 억압의 문제 역시 포함되어야 합니다.

    물론 지금의 위기는 그만큼 시급한 과제이기에 우리가 바라는 근본적인 사회 변화를 즉각 실현하기는 어렵습니다. 그러나 그와 같은 구조적 전환을 위한 노력은 당면한 기후 문제의 해결 과정과 나란히 추진되어야 합니다. 자본주의의 기본 구조가 지금과 같은 형태로 유지된다면, 글로벌 그린 뉴딜은 자유와 정의가 존중받는 '살 만한 세상'을 실현하기에 충분한 수준으로 발전하지 못할 것입니다.

C. J. 폴리크로니우

|||| 글로벌 그린 뉴딜은 지구 온난화 문제를 효과적으로 해결할 수 있는 유일한 희망이자, 세계 경제를 지속 가능한 발전의 궤도로 이끌 수 있는 새로운 방향을 제시하는 기회라고 생각합니다. 그런데도 글로벌 그린 뉴딜은 COP26의 탈탄소화 논의에서 배제되었고, COP27의 공식 의제에서도 제외되었습니다. 그 이유는 무엇이라고 보시나요?

— 노엄 촘스키

|||| 이런 주요 국제회의에서 과연 누가 의제를 설정하고 논의를 주도할까요? COP26에서 이른바 '성과'라 불렸던 것들을 다시 떠올려봅시다. 가장 눈에 띄는 발표는 아프리카 등지에 태

양광 전력을 공급하는 사업과 같은 기회를 위해 대형 민간 금융 기관들이 최대 130조 달러를 투자하겠다고 약속했다는 점이었습니다. 말 그대로 '시장이 구원한다'는 논리죠.

그러나 정치경제학자 애덤 투즈가 지적했듯이 이 약속에는 중요한 단서가 붙어 있습니다. 이들 거대 금융 기업은 국제통화기금과 세계은행이 대출로 인한 손실을 떠안고, 탄소 배출에 적절한 가격이 부과되어야만 청정에너지가 경쟁력을 가질 수 있다며, 이러한 조건이 충족될 경우에만 자신들이 기꺼이 참여하겠다는 입장을 내비친 것입니다.

그들의 탐욕스러운 신념이 지금처럼 공고히 자리 잡고 있는 한, '관대한 기여'라는 말은 공허한 수사에 불과합니다. 결국 우리는 다시 동일한 결론에 이르게 됩니다. 글로벌 그린 뉴딜은 더 이상 미룰 수 없는 과제이며, 자본주의 체제의 독점적 구조를 제한하고 궁극적으로 해체하려는 각성의 움직임과 함께 추진되어야만 합니다.

C. J. 폴리크로니우

로버트, 당신은 글로벌 그린 뉴딜의 주요 지지자 중 한 명입니다. 그런데 이 프로젝트는 왜 좀처럼 진전을 보이지 못하는 걸까요? 국가 이익이 여전히 최우선인 현실에서는 이 계획이 지나치게 이상적인 목표로 여겨지는 걸까요? 그렇다면 우리는 무엇을 해야 할까요?

─ 로버트 폴린

▐▐▐ 저는 글로벌 그린 뉴딜을 이상주의적 구상으로 보지 않습니다. 오히려 이것은 IPCC의 기후 안정화 목표를 실현할 수 있는 유일하고도 실질적인 실행 방안이라고 생각합니다. 이 프로그램은 전 세계 모든 지역, 모든 개발 수준에서 양질의 일자리를 창출하고, 생활 수준을 향상하며, 저렴한 에너지에 대한 접근성을 확대하는 방식으로 추진될 수 있습니다. 따라서 글로벌 그린 뉴딜은 기후 위기에 헌신하는 사람들뿐 아니라, 생계비를 걱정하며 주거비를 마련하고 식탁을 꾸리는 데 집중하는 대다수 시민으로부터도 폭넓은 지지를 받을 수 있어야 합니다.

이런 점에서 글로벌 그린 뉴딜은 단지 환경 정책이 아니라 포괄적인 경제·사회 정책으로 인식되어야 합니다. 기후 변화 대응과 경제적 형평성 증진이라는 두 목표를 동시에 추구할 수 있다는 점에서 더욱 현실적인 대안이 됩니다.

이러한 지지를 이끌어 내기 위해서는 조직화와 교육이 핵심입니다. 예를 들어, 미국의 노동자들과 환경운동가들, 노동 네트워크나 블루그린 얼라이언스BlueGreen Alliance 같은 단체들은 지난 10년간 강력한 연대를 구축하기 위해 꾸준히 노력해 왔습니다. 비록 쉽지 않은 여건 속에서도 그들은 몇 가지 중요한 성과를 내기 시작했습니다. 그중 하나는 캘리포니아 석유 정제소 노동자들을 대표하는 노동조합이 강력한 녹색 투자와 정의로운 전환 프로그램을 공개적으로 지지한 사례입니다.

이러한 사례는 지역 차원에서 기후 정의를 실현할 수 있는 가능성을 보여 줍니다. 또한 노동운동과 환경운동이 서로 대립하는 것이 아니라 상호 보완적일 수 있다는 인식을 확산시키는 데 기여합니다. 물론 이러한 노력은 화석연료 기업들과 그들과 얽힌 다양한 이해관계자들의 지속적인 저항에 직면해 있습니다. 하지만 명확하고 일관된 글로벌 그린 뉴딜 프로그램은 우리가 지구를 지키기 위한 장기적 투쟁에서 강력한 도구가 될 수 있을 것입니다.

앞으로의 과제는 이러한 성공 사례들을 더 넓은 지역과 산업으로 확산시키는 일입니다.

* 노엄 촘스키 *

챗GPT가
진가를 발휘하는 영역

2023년 5월 3일

C. J. 폴리크로니우

|||| 인공지능AI은 과학의 한 분야로서 1950년대부터 연구가 시작됐습니다. 그 이후 몇십 년 동안 AI는 은행, 보험, 자동차 제작, 음악, 국방 등 다양한 영역에 점차 깊숙이 침투해 왔습니다. 사실 체스 같은 게임에서는 AI가 인간보다 더 뛰어난 실력을 보이기도 했죠. 그렇다면 과연 기계가 인간보다 더 똑똑해질 수도 있을까요?

— 노엄 촘스키

|||| 용어를 좀 더 쉽게 설명하자면, 여기서 '기계'라는 건 '프로

그램'을 뜻하죠. 즉, 컴퓨터가 실행할 수 있도록 작성된 이론 같은 거예요. 그리고 이 프로그램은 보통 우리가 생각하는 이론과는 조금 다르지만, 그 부분은 여기서 따로 다루지 않겠습니다.

우리는 대략 '공학'과 '과학'을 구분할 수 있습니다. 물론 두 분야가 완전히 분리되는 건 아니지만, 일단 이렇게 나누면 이해하는 데 도움이 됩니다. 즉, 공학은 유용한 제품이나 도구를 만드는 것이 목표인 반면, 과학은 세상을 이해하는 것을 목표로 합니다. 만약 연구 주제가 인간의 지능이나 다른 유기체의 인지 능력이라면, 과학의 목적은 이러한 생물학적 시스템을 더 깊이 이해하는 데에 있는 것이죠.

제가 알기로는 AI의 창시자들인 앨런 튜링Alan Turing, 허버트 사이먼Herbert Simon, 마빈 민스키Marvin Minsky는 AI를 과학의 한 분야로 여겼습니다. 그들은 AI를 당시 새롭게 등장하던 인지과학의 일부로 보았고, 새로운 기술과 수학적인 계산 이론을 활용해서 인간의 사고 과정을 더 깊이 이해하려고 했죠. 하지만 시간이 지나면서 AI는 점점 실용적인 기술 개발, 즉 공학적 접근 방식에 초점을 맞추게 되었고, 초기의 관심사들은 지금은 종종 '구식 AI'로 치부되며 정당한 평가를 받지 못하고 있습니다.

질문을 계속 이어가 보겠습니다. 인간의 능력을 뛰어넘는 프로그램이 개발될 가능성이 있을까요? 여기서 '능력'이라는 단어에 대해서는 조심해야 합니다. 이유는 나중에 설명하겠습니다. 하지만 만약 이 용어를 단순히 인간의 '수행 능력' 즉 어떤 작업을 얼마나 빠르고 정확하게 처리하는지를 의미하는 것으로 본다면, 답은 '확실히 그렇다'입니다.

사실 그런 프로그램들은 이미 오래전부터 존재해 왔습니다. 예를 들어, 노트북의 계산기가 그렇죠. 인간은 시간과 기억력의 한계 때문에 그렇게 복잡하고 빠른 계산을 직접 수행할 수 없습니다. 그러나 컴퓨터는 그런 한계를 뛰어넘습니다. 체스와 같은 규칙이 정해진 게임에서는 1950년대에 이미 사람들은 예측했습니다. 머지않아 강력한 컴퓨터의 발전과 오랜 준비 기간을 거치면, 체스 최고수도 이길 수 있는 프로그램을 만들 수 있다는 걸 말이죠. 이로부터 수년 뒤, 이 예측은 실제로 현실이 되었습니다. 다만 그것은 어디까지나 IBM이라는 기업이 자사의 기술력을 과시하기 위한 마케팅 이벤트에 불과했죠.

한편, 많은 생물 유기체는 인간보다 훨씬 깊은 차원에서 인지 능력을 능가하는 사례도 보여 줍니다. 제 뒷마당의 사막 개미들은 아주 작은 뇌를 가지고 있지만, 이론적으로는 인간보다 훨씬 뛰어난 항법 능력을 지니고 있습니다. 이는 단순히 수행 능력의 차이로만 설명할 수 있는 문제가 아닙니다. 인간이 모든 면에서 가장 우월한 존재는 아니라는 사실을 보여 주는 한 예일 뿐입니다.

오늘날 AI 기술은 다양한 분야에서, 좋든 나쁘든 널리 활용되고 있습니다. 자동 완성, 실시간 받아쓰기, 구글 번역 같은 언어 기술은 이제 익숙하지만 여전히 매우 유용하죠. 앞으로는 과학을 포함해 더 정교하고 유용한 응용 프로그램들이 등장할 것입니다. 이미 그 조짐은 보이고 있습니다. 예컨대, 단백질 접힘 문제처럼 과학자들이 해결하기 어려웠던 난제를 AI가 상당 부분 도운 사례도 있죠. 이는 AI가 가진 방대한 데이터 처리 능력과 연산 속도 덕분입니다.

공학적 프로젝트는 유익할 수도, 해로울 수도 있습니다. AI 공학도 마찬가지입니다. 챗봇을 포함한 대규모 언어 모델LLM은 잘못 사용될 경우, 허위 정보나 명예훼손을 유포하고, 일반 대중을 오도하는 도구가 될 수도 있습니다. 특히 가짜 이미지나 목소리 복제 기술과 결합할 경우 그 위험은 훨씬 커지죠. 최근에는 수많은 AI 연구자들이 이러한 잠재적 위협을 이유로 AI 개발을 일시적으로 중단하자는 요청까지 제기했습니다.

기술의 잠재적 이익은 항상 그로 인한 잠재적 비용과 비교하여 신중히 평가해야 합니다. 특히 AI와 과학이 맞닿는 지점에서는 언론이 과장하거나 무책임한 주장을 퍼뜨리는 경우가 많기 때문에 더욱 주의가 필요합니다. 이를 이해하기 위해, 가상의 사례와 실제 사례를 함께 살펴보겠습니다.

앞서 언급했듯이 곤충의 뛰어난 길 찾기 능력에 대해 과학자들은 많은 연구를 진행해 왔습니다. 하지만 여전히 그 능력이 어떻게 신경 생리학적으로 작동하는지, 어떻게 진화했는지는 해답을 찾지 못하고 있습니다. 철새나 바다거북이 수천 킬로미터를 이동한 후 정확히 원래 장소로 돌아오는 능력도 마찬가지입니다. 그런데 톰 존슨이라는 사람이 나타나 이렇게 말한다고 해 봅시다. "그 문제는 이미 해결됐어요. 비행기 조종사들도 잘 해내잖아요." 하지만 이런 주장을 우리는 진지하게 받아들이지 않겠죠. 단순한 기술적 수행은 생물의 인지적 깊이와 전혀 다른 차원의 문제이기 때문입니다.

또 다른 예로 폴리네시아 원주민들은 별, 바람, 해류만을 이용해 수백 마일 떨어진 섬에 정확히 도달합니다. 이에 대해 "군함도 매일 항해하는데요?"라고 말한다면, 우리의 대답은 분명합니다. "그건 전혀 다른 이야기입니다."

이제 실제 사례인 언어 습득에 관해 얘기해 봅시다. 최근 몇 년간 이에 대한 광범위하고 매우 유익한 연구가 있었습니다. 연구 결과, 아기들은 겉으로 보이는 것보다 훨씬 더 풍부하게 주변 언어에 대해 알고 있다는 것이 밝혀졌습니다. 더욱 놀라운 것은 아기들이 접하는 언어 정보의 양이 극히 제한적이라는 점입니다. '지프의 법칙 Zipf's Law[1]'을 생각해 보세요. 자연어에서 자주 사용되는 단어는 극히 제한적이며, 대부분의 단어는 매우 드물게 등장합니다. 그런데도 아기들은 이러한 단어들을 거의 들어보지도 않고 언어를 습득해 나갑니다. 이 점이 놀라운 이유는 아기들이 적은 양의 언어 입력만으로도 의미와 맥락을 이해하며 말을 배우기 때문입니다. 하지만 일부 사람들은 이렇게 반박합니다.

"당신의 연구는 이미 의미가 없어요. 요즘엔 대규모 언어 모델LLM이 엄청난 양의 데이터를 분석해서 통계적인 규칙을 찾아내고, 학습한 내용을 바탕으로 인간처럼 말할 수 있습니다. 챗봇이 그 대표적인 사례죠."

하지만 이 인공지능 사례는 앞서 이야기한 가상 예들과는 본질적으로 다릅니다. 첫째, AI가 사람처럼 말하는 듯 보이는 현상은 실제로 지금 일어나고 있는 일입니다. 둘째, 사람들은 AI가 내놓는 결과를 비웃지 않고, 오히려 감탄하며 놀라워합니다. 셋째, 그러나 이처럼 칭찬받는 결과는 실제로는 인간처럼 언어를 '이해'하거나 '의미'를 알고 말하는 것이 아닙니다. AI는 단지 방대한 데이터를 바탕으로 확률적으로 적절해 보이는 단어들을 나열하는 것에 불과합니다.

1　**지프의 법칙** 자연어 말뭉치에서 단어들을 빈도순으로 배열했을 때, 각 단어의 사용 빈도가 그 순위에 반비례하는 패턴을 보인다는 이론

이러한 차이를 보면, 우리가 현재 대규모 언어 모델에 대해 너무 쉽게 열광하고 있다는 사실 자체가 문제임을 알 수 있습니다. 그 열광의 근거가 사실은 전혀 말도 안 되는 착각에서 비롯된 것이라는 점이죠.

우리가 앞서 언급한 가상의 예에서 그것이 터무니없다고 쉽게 알아차렸지만, 인공지능이 현실에 등장하자 그 터무니없음은 묘하게 받아들여지고 있습니다. 그리고 이보다 더 심각한 문제도 있습니다. 대규모 언어 모델은 그 설계 구조상, 언어가 어떻게 작동하는지, 인간이 어떻게 학습하고 사고하는지를 본질적으로 설명해 줄 수 없는 한계를 지니고 있습니다. 즉, AI가 인간처럼 말하는 것처럼 보여도, 그 결과물은 인간의 언어 능력이나 인지 과정과는 전혀 다른 방식으로 만들어진 것입니다.

이런 한계는 단순히 기술을 더 발전시킨다고 해서 해결될 수 있는 문제가 아닙니다. 데이터를 두 배로 늘리고, 수많은 매개변수를 추가하고, 캘리포니아의 전기를 더 많이 사용한다고 해도, 결과는 크게 달라지지 않을 것입니다. 겉으로 보기엔 인공지능이 사람처럼 자연스럽게 말하고 행동을 흉내 내는 능력이 좋아질 수도 있습니다. 하지만 그렇게 될수록 AI가 실제로는 말의 의미나 상황을 이해하지 못한다는 점이 더 분명해질 뿐입니다. 왜 그런 걸까요? 그 이유는 이렇습니다.

인공지능 시스템은 사람이라면 도저히 배울 수 없는 언어나

말도, 마치 아무 문제 없는 것처럼 처리할 수 있습니다. 또 반대로, 아기들이 아주 쉽게 배우는 자연스러운 언어도 이 시스템은 별다르게 취급하지 않습니다. 즉, 인공지능은 사람이 실제로 이해하고 사용할 수 있는 말인지, 아닌지를 구별하지 못한다는 뜻입니다.

이건 마치 생물학자가 이렇게 말하는 것과 비슷합니다. "제가 생물에 대한 멋진 새로운 이론을 만들었어요. 이 이론은 실제로 존재하는 생물도 설명하고, 절대 존재할 수 없는 생물도 함께 나열하죠. 그런데 두 생물의 차이가 무엇인지는 전혀 설명하지 못해요." 이런 말을 들으면, 우리는 어떻게 반응할까요? 아마 웃을 수밖에 없을 겁니다.

하지만 톰 존스는 다릅니다. 그는 이제 실제 사례를 이야기하며 과학적인 근거가 전혀 없는 주장을 계속해서 고집합니다. 이렇게 말하죠. "모든 언어를 다 조사하지도 않고 이런 것들을 어떻게 알 수 있죠?"라고요. 하지만 이 말을 듣는 순간, 그가 이제는 더 이상 과학적인 태도를 따르지 않고 있다는 사실이 분명해집니다. 이 같은 논리로라면 우린 유전학도 버려야 하고, 분자생물학도 버려야 하고, 진화론도 버려야 합니다. 왜냐고요? 이는 세상에 존재하는 유기체 중 극히 일부만 연구되었으니까요. 게다가 물리학도 버려야겠죠. 운동 법칙을 왜 믿어요? 세상의 모든 물체를 관찰한 것도 아닌데 말입니다. 게다가 입

중 책임이라는 작은 문제도 있습니다. 이론을 제안하는 사람들은 그 이론이 어느 정도 타당하다는 것을 보여 줄 책임이 있습니다. 이 경우에는 인간이 실제로 습득할 수 없는 가상의 언어 구조에 대해 대규모 언어 모델 시스템이 실패한다는 것을 보여 줘야 합니다. 대규모 언어 모델과 인간의 언어 습득이 같은 방식으로 이루어진다는 이론을 반박할 책임이 꼭 과학자들에게 있는 것은 아닙니다. 물론 이번 경우에는 반박하는 것이 꽤 쉬워 보이긴 합니다만.

이제 정상적인 과학의 영역으로 시선을 돌려 보겠습니다. 여기서부터는 흥미로운 논의가 시작됩니다. 사실, 단 하나의 언어 습득 사례만으로도 어떤 언어 구조가 인간에게 가능한지, 어떤 언어가 불가능한지를 구분하는 데 중요한 통찰을 얻을 수 있습니다. 그 이유는 아주 간단하면서도 우리에게 익숙합니다. 학습이라고 불리는 것을 포함한 모든 성장과 발달은 유기체의 초기 상태에서 시작하여 단계적으로 변화하여 후기 단계로 나아가는 과정이죠. 언어 습득도 이러한 과정입니다.

초기 상태는 인간이 타고나는 언어 능력입니다. 이는 명백히 존재합니다. 일부 학자들은 이것이 여러 인지 능력이 결합한 결과라고 보기도 하지만, 오랫동안 연구된 결과에 따르면, 이는 가능성이 작습니다. 하지만 지금 우리의 논의에서 그 점은 중요하지 않으므로 일단 논외로 두겠습니다. 분명히 인간의 언어 능력에는 생물학적 기반이 있습니다. 이는 지극히 당연한 사실입니다.

인간의 언어 능력은 비교적 일정하고 안정된 방식으로 발달하며, 시간이 지나면 겉모습만 조금 바뀔 뿐 크게 달라지지 않습니다. 그 결과, 우리는 언어에 대한 지식을 갖게 됩니다. 물론 외부에서 주어지는 말소리나 문장 같은 데이터도 이 과정에 영향을 미치고, 언어 습득을 도와줍니다.

우리가 이처럼 사람이 갖게 되는 언어 지식의 상태와 외부에서 받은 언어 자극을 함께 연구하면, 인간이 태어날 때부터 가지고 있는 언어 학습 능력, 즉 생물학적인 초기 상태에 대해 중요한 결론을 얻을 수 있습니다. 이 결론은 어떤 언어가 인간에게 가능한 언어인지, 어떤 언어는 불가능한지를 구분해 주며,

무엇보다도 모든 인간에게 똑같이 적용됩니다. 지금까지 밝혀진 바에 따르면, 인류의 어느 집단이든 언어를 습득하는 능력 자체에는 차이가 없습니다.

이 모든 과정은 일반적인 과학 연구의 일부이며 이미 많은 성과를 거두었습니다. 실험을 통해 언어 습득이 안정적인 상태에 도달하는 시점은 매우 이르며, 보통 3~4세까지 대부분 완성된다는 것이 밝혀졌죠. 또한 언어 능력에는 인간만이 가진 고

유한 기본 특성이 있다는 사실도 확립되었습니다. 언어 능력은 모든 인간 집단에 공통으로 나타나는 '종 특성'이며, 본질적으로 인간만이 가진 독특한 능력이라는 것이 분명해진 거죠. 이 개괄적 정리에서는 많은 부분이 생략되었는데, 특히 성장과 발달에서 자연법의 역할이 빠져 있습니다. 언어와 같은 계산적 시스템의 경우, 계산 효율성 원칙이 중요한 요소가 되죠. 하지만 본질적으로 중요한 것은 앞서 언급한 바로 그 지점입니다. 다시 말해, 언어 습득과 그에 관한 연구는 정상적인 과학 연구의 전형이라는 점입니다. 여기에서 주목할 점은 아리스토텔레스가 구분한 '지식의 보유'와 '지식의 활용'입니다. 현대적인 용어로 말하자면, 이는 각각 '언어 능력'과 '언어 수행'에 해당하며, 이 둘을 명확히 이해하는 것이 중요합니다.

언어의 경우, 안정된 상태에 도달했다는 것은 곧 '언어 지식'을 보유하게 되었음을 의미하며, 이러한 지식은 뇌에 저장됩니다. 이 내부 시스템은 무한히 많은 표현 구조를 만들어 냅니다. 그리고 각 표현은 하나의 생각을 나타낸다고 볼 수 있죠. 이 표현들은 감각-운동 시스템을 통해 외부로 표현될 수 있고, 일반적으로는 소리를 통해 말로 표현되지만, 수화나 심지어 촉각으로도 표현될 수 있습니다. 물론 촉각의 경우 상당한 어려움이 따릅니다. 그런데 이렇게 뇌 속에 '코딩'된 언어 시스템은 우리가 실제로 언어를 사용할 때, 즉 '지식의 활용'이 이루어져야 접근할 수 있습니다. 이 수행에는 사고 과정에서 언어를 내부적으로 사용하는 예도 포함됩니다.

예를 들어, 반성, 계획, 회상 등이 그렇죠. 통계적으로 보면, 언어 사용의 대부분은 실제로 이런 내면적 언어죠. 하지만 이런 과정은 우리가 자각할 수 없습니다. 대신 과학적인 연구 방법을 통해 비유적으로 말하자면, 외부에서 그 과정을 간접적으로 탐구할 수 있습니다. 우리가 흔히 '내적 언어'라고 부르는 것은 사실 외부 언어의 일부분을 발음 기관을 움직이지 않고 사용하는 것에 불과합니다. 이는 실제 내적 언어 사용의 아주 작은 부분일 뿐입니다. 이 내적 언어 사용은 매우 중요한 주제이지만, 여기서 자세히 다루기는 어렵습니다.

언어 사용의 또 다른 형태로는 인식(구문 분석)과 생성이 있습니다. 언어 생성은 특히 갈릴레이와 그의 동시대 사람들이 경이로워했던 것처럼 오늘날에도 우리에게 신비로운 주제입니다. 과학의 주요 목표는 인간의 언어 능력에 있어 그 초기 상태에 있는 내부 시스템을 발견하고, 또 우리가 습득하는 과정에서 어떤 형태를 띠는지를 발견하는 것이죠. 이 내부 시스템을 이해하는 만큼, 우리는 그것이 어떻게 수행으로 이어지는지, 그리고 언어 사용에 영향을 미치는 여러 다른 요소들과 어떻게 서로 작용하는지를 더 정밀하게 탐구할 수 있습니다.

언어 수행에서 얻은 데이터는 우리 내면의 언어 시스템에 대한 중요한 단서를 제공합니다. 특히 일반적인 현장 조사처럼 실험을 통해 정제된 데이터는 더욱 그렇습니다. 하지만 아무리 방대한 데이터 모음이라도 중요한 부분에서 오해를 불러일으킬 수 있습니다. 이는 이러한 데이터는 우리가 실제로 사용하는 언어만을 다루고, 언어의 본질과 그 사용을 이해하려는 연구자들이 조사하는 주요 대상 즉, 뇌 속에 저장된 언어 지식은 포함하지 않기 때문이죠. 이 내부의 언어 시스템은 정상적 행동에서는 사용되지 않는 무한히 많은 가능성을 만들어 냅니다.

하지만 우리가 실제로 언어를 사용할 때는 단기 기억의 한계처럼 언어 자체와는 관련 없는 요소들 때문에 모든 가능성을 다 활용하지는 못합니다. 이런 문제는 이미 60년 전부터 연구되어 온 주제이기도 합니다. 게다가 우리가 실제로 사용하는 언어 데이터에는 뇌에 저장된 언어 시스템 밖에 있는 요소들도 함께 섞여 있습니다. 예를 들어, 의도적으로 문법 규칙을 깨는 수사적 표현이 그런 경우입니다. 이러한 점들은 언어 연구 현장에 있는 모든 연구자가 잘 알고 있는 사실입니다. 그래서 연구자들은 불필요한 제약이나 비정상적인 표현을 배제한 '정제된 언어 자료'를 얻기 위해, 정보 제공자에게 직접 질문을 던지는 실험 기법을 활용합니다.

정상적인 과학적 방법으로 언어를 연구하다 보면, 우리는 언어 안에서 일어나는 내부 과정과 구조적인 요소들이 단순히 겉으로 드러나는 말이나 글만 가지고는 잘 드러나지 않는다는 사실을 알게 됩니다.

이런 요소들은 말이나 글 속에서 명확하게 나타나지 않고, 그 영향도 아주 미묘하게 감지되기 때문에 쉽게 알아차리기 어렵습니다. 이것이 바로 대규모 언어 모델처럼 겉으로 드러난 언어 표현에만 의존하는 방식이 언어의 본질이나 언어가 어떻게 습득되고 사용되는지를 이해하는 데 근본적인 한계를 가질 수밖에 없는 또 다른 이유입니다. 물론 과학적 이해보다 다른 목적이 더 중요하다면 이는 문제가 되지 않을 수도 있습니다.

과학에서는 수천 년 동안 실험을 통해 결론을 도출하는 방식이 이어져 왔습니다. 이런 실험은 실제 실험일 수도 있지만, 머릿속에서 가정하고 전개하는 '사고 실험'의 형태를 띠는 경우도 많습니다. 즉, 겉으로 드러난 현상을 바탕으로, 그 안에 숨어 있는 핵심 개념이나 원리를 추상해 내는 방식이라 할 수 있습니다. 이러한 실험들은 대부분 어떤 이론을 바탕으로 진행되며, 관찰된 현상 속에서 본질적인 것과 그렇지 않은 것 즉, 불필요한 요소들을 걸러내는 경향을 보입니다. 언어 수행과 같은 것들이 여기에 해당하죠. 이 모든 것은 너무도 기본적인 개념이기에 거의 논의의 대상이 되지 않으며, 우리에게는 이미 익숙한 것입니다.

앞서 언급했듯이 이러한 논의의 바탕에는 아리스토텔레스가 말한 '지식을 보유하는 것'과 '지식을 활용하는 것' 사이의 기본적인 구분이 자리하고 있습니다. 이 가운데 전자는 핵심적인 연구 대상이며, 그다음으로 중요한 과제는 내부에 저장된 지식 체계가 어떻게 활용되는지, 그리고 직접 관찰 가능한 언어 수행에 영향을 미치는 비언어적 요소들을 탐구하는 것입니다.

우리는 진화생물학자 테오도시우스 도브잔스키Theodosius Dobzhansky의 관찰을 떠올릴 수도 있습니다. 그는 주로 초파리 연구로 잘 알려져 있으며 이렇게 말한 바 있습니다.

"각 종은 고유하며, 인간은 그중에서도 가장 고유하다."

만약 우리가 '우리 자신이 어떤 존재인가'를 이해하고자 한다면, 2,500년 전 델포이 신탁이 말한 '너 자신을 알라'는 명령에 따르자면, 우리는 인간을 다른 모든 존재 가운데서 가장 독특하게 만드는 것이 무엇인지에 주목해야 합니다. 그것은 주로 '언어'와 '사고'이며, 이 둘은 밀접하게 연결되어 있습니다. 이런 인식은 아주 오래된 것으로 고대 그리스와 인도의 풍부한 철학과 지식의 전통 속에서도 이미 나타나 있었습니다.

대부분의 인간 행동은 일상적이고 예측 가능한 것이기에 오히려 우리를 진정으로 고유하게 만드는 요소는 비일상적인 행동 속에서 더 잘 드러납니다. 이런 특별한 행동은 실험이나 관찰을 통해 발견할 수 있습니다. 그리고 그것은 보통의 아이들부터 위대한 예술가와 과학자들에 이르기까지 다양한 사람들 안에서 포착할 수 있습니다.

이와 관련해 마지막으로 한 가지를 덧붙이고자 합니다. 지난 한 세기 동안 사회는 과학을 경시하도록 유도한 대규모 기업 캠페인으로 인해 깊은 상처를 받아왔습니다. 이는 나오미 오레스키스Naomi Oreskes를 비롯한 여러 연구자에 의해 잘 밝혀진 바 있습니다. 이러한 흐름은 납, 담배, 석면, 그리고 이후에는 화석연료처럼 치명적인 제품을 판매해 온 기업들로부터 비롯되었습니다. 그들의 동기는 분명합니다. 자본주의 사회에서 기업의 궁극적인 목적은 인간 복지가 아니라 이윤 추구이기 때문입니다. 이것은 단순한 개인의 선택이 아니라, 제도 자체가 만든 현실입니다. 이 게임에서 정해진 규칙을 따르지 않으면 시장에서 도태되고, 결국 그 자리는 그 규칙에 더 충실한 다른 기업이나 사람이 차지하게 되기 때문입니다.

기업의 홍보 부서들은 자사 제품이 치명적인 영향을 미칠 수 있다는 과학적 증거가 점차 쌓여 가는 상황에서 이를 정면으로 부인하는 것이 설득력이 없다는 사실을 일찌감치 깨달았습니다. 그렇게 했다가는 쉽게 반박당할 수밖에 없기 때문입니다. 그보다는 차라리 의심을 불러일으키고, 불확실성을 조장하는 편이 낫다고 본 것이죠. 예컨대, 한 번도 페인트를 칠해 본 적도 없는 양복 입은 지식인들이 워싱턴에서 내려와서는 납 페인트를 쓰지 말라고 강요하며 내 생계를 망치고 있다는 식으로 조롱하는 것이죠. 이것은 실제로 있었던 사례이며, 유사한 예는 얼마든지 찾아볼 수 있습니다. 그리고 이 전략은 지나치게 효과적이었습니다. 그 결과 지금, 이 순간에도 조직적으로 운영되는 인류 사회는 스스로 파괴를 향해 나아가고 있습니다.

지식인 사회 내부에서도 과학에 대한 포스트모던 비평은 앞서 언급한 것과 유사한 방식으로 과학을 경시하는 경향을 불러왔습니다. 이러한 흐름은 장 브리크몽Jean Bricmont과 앨런 소칼Alan Sokal에 의해 비판적으로 해체되었지만, 여전히 일부 집단에서는 활발히 논의되고 있습니다. 저는 톰 존스와 같은 인물들, 그리고 그의 경솔한 발언을 비판 없이 반복하거나 심지어 확대재생산하는 이들이 이러한 해로운 경향에 일조하고 있는 것은 아닌지 묻는 것이 매우 정당하다고 생각합니다.

C. J. 폴리크로니우

▎ 챗GPT는 자연어를 기반으로 한 챗봇으로 인공지능을 활용해 인간과 유사한 대화를 가능하게 합니다. 최근 《뉴욕타임스》 기사에

서 두 명의 공동 저자와 함께 노엄 당신은 이 새로운 챗봇들이 단지 과대광고에 불과하다고 평가하셨습니다. 그 이유는 이들이 인간의 언어 능력에 필적할 수 없기 때문이라고 하셨죠.

하지만 앞으로 AI 분야의 혁신을 통해 인간의 능력에 필적하거나 심지어 이를 능가하는 엔지니어링 프로젝트가 등장할 가능성은 없을까요?

─ 노엄 촘스키

▦ 그 기사에 대한 공은 실제 저자인 제프리 와툼얼 Jeffrey Watumull 에게 돌아가야 합니다. 그는 뛰어난 수학자이자 언어학자, 그리고 철학자입니다. 함께 이름을 올린 두 명의 공동 저자는 컨설턴트로 참여했으며, 기사 내용에는 동의하지만 직접 작성에 관여한 것은 아닙니다.

챗봇이 원칙적으로 인간의 언어 능력을 따라갈 수 없다는 것은 사실입니다. 앞서 여러 차례 언급했듯이 이는 챗봇의 기본 설계 구조에 기인합니다. 이들은 인간 언어 이론의 최소 조건, 즉 가능한 언어와 불가능한 언어를 구별하는 능력을 스스로 갖추지 못하도록 설계되어 있기 때문입니다. 이러한 한계는 설계 자체의 특성이며, 따라서 이와 같은 유형의 인공지능은 미래의 기술 혁신을 통해서도 그 본질적인 한계를 극복할 수 없습니다. 물론 장기적으로 봤을 때 인간의 능력에 필적하거나 이를 능가하는 공학적 프로젝트들이 등장할 가능성은 분명히 존재합니다.

여기서 말하는 인간의 능력이란 '언어 능력'이 아니라, 행동하고 수행하는 능력을 의미합니다. 앞서 언급했듯이 일부 기계들은 이미 오래전부터 그런 역할을 해 오고 있습니다. 계산기 같은 장치가 대표적인 예죠. 더 흥미로운 사실은 이것 또한 앞서 말했듯이 아주 작은 뇌를 가진 곤충조차도 특정 능력 면에서는 인간을 능가할 수 있다는 점입니다.

C. J. 폴리크로니우

|||| 앞서 언급된 기사에서는 오늘날의 AI 프로젝트들이 인간의 도덕적 능력을 갖추고 있지 않다는 점도 지적했습니다. 그런데 이 자명한 사실이 오히려 AI 로봇들을 인간에게 덜 위협적인 존재로 만들어 줄 수 있을까요? 저는 반대로, 그것이 AI 로봇들을 더 위협적인 존재로 만들 수 있다고 생각합니다.

— **노엄 촘스키**

|||| 우리가 '도덕적 능력'을 넓은 의미로 이해한다면 그 지적은 분명히 타당합니다. AI 기술은 신중하게 통제되지 않는 한, 심각한 위협을 초래할 수 있습니다. 예를 들어, 환자 치료가 자동화된다고 가정해 봅시다. 그 과정에서 인간의 판단으로는 충분

히 피할 수 있었던 오류가 발생한다면 그 결과는 매우 참담할 수밖에 없습니다.

또 다른 예로, 자동화된 미사일 방어 시스템에서 위협을 평가하고 대응하는 주체가 인간이 아니라 AI 시스템이라고 가정해 보십시오. 역사적 사례들이 충격적으로 보여 주듯 그런 상황에서는 인간 문명이 파국에 이를 수도 있습니다.

C. J. 폴리크로니우

|||| 유럽의 규제 기관들과 법 집행 기관들은 챗GPT의 확산에 대해 우려를 표하고 있습니다. 최근 유럽연합이 제출한 법안은 AI 도구를 인지된 위험 수준에 따라 분류하고 그에 맞는 규제를 적용하려는 방향으로 마련되었습니다. 이는 AI 기술이 단순한 도구를 넘어 사회 전반에 중대한 영향을 미치고 있다는 인식이 반영된 것입니다.

챗GPT가 심각한 공공 위협이 될 수 있다는 일부의 우려에 대해 동의하십니까? 특히 정보의 왜곡, 저작권 침해, 개인정보 유출 같은 문제가 현실화되면서 그 우려는 점점 커지고 있습니다. 나아가 충분한 안전장치가 마련되기 전까지 AI 도구의 추가 개발을 중단해야 한다는 주장에 대해서는 어떻게 생각하십니까?

── **노엄 촘스키**

|||| 첨단 기술이 초래할 수 있는 위협을 통제하려는 노력에 대

해서는 충분히 공감합니다. 앞서 말씀하신 경우들을 포함해서요. 하지만 저는 그런 통제가 실제로 가능하리라는 데는 회의적입니다. 제 판단으로는 이미 상황이 통제 불가능한 지경에 이르렀다고 생각합니다. 악의적인 의도를 가진 이들이라면 기관이든, 개인이든 결국 어떤 방식으로든 안전장치를 우회할 방법을 찾아낼 가능성이 크기 때문입니다. 물론 이런 회의적인 태도가 통제를 위한 노력을 중단해야 할 이유가 되지는 않습니다. 오히려 경계를 더욱 늦추지 말고, 지속적으로 주의를 기울여야 합니다.

* 노엄 촘스키 *

다른 세상은 가능하다, 이제 현실로 만들자

2023년 1월 4일

C. J. 폴리크로니우

▥ 노엄, 새해를 맞아 이번 대담을 시작하며 질문을 드리고 싶습니다. 현재 인류가 직면한 가장 시급한 위기는 무엇이라고 보시나요? 또한 인류가 일부 영역에서 눈에 띄는 진보를 이루어낸 것은 사실이지만, 그 발전이 모든 분야에서 균형 있게 이루어진 것은 아니며 결코 필연적인 결과도 아니라는 견해에 대해서는 어떻게 생각하시는지 듣고 싶습니다.

─ 노엄 촘스키

▮▮▮▮ 그 질문에 답하는 가장 간단한 방법은 '운명의 날 시계'를 확인하는 것이겠죠. 현재 이 시계는 자정까지 100초만을 남겨 두고 있으며, 몇 주 후 예정된 조정에서는 종말에 더욱 가까워질 가능성이 큽니다. 지난해 벌어진 일들을 고려하면 이는 놀랄 일이 아닙니다.

작년 1월, '운명의 날 시계'가 지목한 주요 위협들은 지금, 이 순간에도 여전히 가장 중대한 문제로 남아 있습니다. 핵전쟁의 위협, 기후 변화와 그에 따른 환경 파괴, 그리고 이와 같은 실존적 위기를 해결할 수 있는 유일한 수단인 '합리적 담론의 장'의 붕괴, 이것들이 우리가 당면한 핵심적 위협입니다.

물론 다른 문제들도 존재하지만, 우선 이 세 가지 핵심 위협에 대해 논의해 보겠습니다.

미국은 최근 우크라이나에 패트리엇 미사일을 지원하기로 했습니다. 이 미사일이 실제로 효과를 발휘할지는 불확실하지만, 러시아는 최악의 상황을 가정하고 이를 공격 대상으로 삼을 가능성이 큽니다. 구체적인 정보는 많지 않지만, 미사일과 함께 미국 훈련 요원이 배치될 가능성도 제기되고 있습니다. 그렇다면 이들 역시 러시아의 공격 대상이 될 수 있으며, 이로 인해 전쟁은 훨씬 더 위험한 단계로 접어들 수 있습니다.

우크라이나에서의 불길한 시나리오는 이것만이 아닙니다.

끔찍한 전쟁으로 이어질 수 있는 위협은 우크라이나에만 국한되지 않습니다. 특히 중국 인근 해역에서도 긴장이 고조되고 있습니다. 바이든 행정부는 사실상 중국에 대한 전쟁을 선포한 것이나 다름없고, 미 의회는 대만 문제와 관련해 지난 50년간 유지되어 온 '전략적 모호성'을 깨뜨리려 안간힘을 쓰고 있죠.

이러한 사안들은 이미 우리가 여러 차례 논의해 온 주제이기도 합니다. 지금은 어떤 조치도 취하지 않은 채 전면전의 위협이 점점 커지고 있는 상황입니다. 동시에 '그런 일은 우리와는 상관없는 일'이라는 어리석고 무지한 확신 역시 함께 퍼져가고 있습니다.

이제 환경 문제로 넘어가 봅시다. 지구 온난화와 관련된 소식은 끔찍한 수준에서부터 최악에 이르기까지 다양하지만, 그 안에서 몇 가지 긍정적인 흐름도 존재합니다. 그중 하나는 생물 다양성 협약으로 환경 파괴를 제한하기 위한 중요한 조치입니다. 거의 모든 국가가 이 협약에 동의했지만 예외가 있습니다. 바로 세계 역사상 가장 강력한 국가이자 언제나처럼 독특한 입장을 고수하는 미국입니다. 미국은 이 협약에 서명하지 않았습니다. 공화당은 민간 기업의 권리와 이윤을 침해할 수 있는 어떤 조치에도, 자신들의 '원칙'을 내세우며 일관되게 반대해 왔습니다. 같은 이유로 미국은 과거 교토의정서에도 서명하지 않았고, 그에 영향을 받아 안도라Andorra와 같은 소국들까지 이에 동참하게 했습니다. 이러한 대응은 기후 변화에 맞서야 할 국제사회의 노력에 큰 타격을 입혔고, 결국 인류가 재앙을 피할 수 있는 가능성 자체를 심각하게 약화시켰습니다.

세상은 성스럽지도, 이상적이지도 않습니다. 특히 세계 패권국에서는 그 현실이 더욱 노골적으로 드러나죠. 이제 '운명의 날 시계'를 자정으로 몰아가고 있는 세 번째 요소로 넘어가 봅시다. 그것은 바로 합리적 담론의 장이 붕괴되고 있다는 사실입니다.

이 심각한 현상에 대한 대부분의 논의는 소셜미디어에서의 폭발적인 반응, 황당한 음모론, 큐어넌QAnon[2], 부정선거 주장 등 위험한 사회적 흐름에 집중됩니다. 그러나 이러한 현상들은 지난 40년간 이어진 계급 전쟁의 충격이 사회 질서를 근본적으로 뒤흔든 결과로 볼 수 있습니다. 그럼에도 우리는 여전히 합리적인 담론의 희망을 품고 있습니다. 이성적이고 냉철한 자유주의 지식인들의 의견이 그 기반을 제공해 줄 수 있으리라는 기대 말입니다. 하지만 정말로 그럴까요?

---

2 **큐어넌** 인터넷 커뮤니티 게시판에서 유래한 미국의 극우 음모론의 일종

이 영역에서 우리가 마주하는 담론은 종종 믿기 어려울 정도이며, 서구 학문 공동체 바깥에서는 조롱의 대상이 되기도 합니다. 예를 들어, 주요 권위 있는 국제 관계 저널에서는 러시아의 패배가 '다른 나라를 공격하면 결국 처벌을 받게 된다는 원칙이 강화되는 계기가 될 것'이라고 진지하게 보도하고 있습니다. 그러나 이 저널이 말하는 그 '원칙'은 우리가 타인의 침략을 비판할 때는 엄격하게 적용되지만, 정작 우리가 가해자가 되었을 때는 철저히 외면됩니다. 그리고 그러한 모순을 지적하는 일은 용납될 수 없는 범죄로 취급되곤 합니다. 물론 이런 문제의식이 주류 담론 속에서 전혀 제기된 적이 없다고 말할 수는 없습니다. 다만 그것을 찾는 일은 절대 쉽지 않지요.

때로는 너무나 터무니없는 주장들이 등장하기에 저자들조차 자신들이 하는 말을 진심으로 믿고 있는지 의심하게 됩니다. 그러므로 우리는 그 이면에 무엇이 숨겨져 있는지를 묻지 않을 수 없습니다. 예를 들어, 「러시아가 노르트스트림 공격의 배후라는 결정적 증거 없음」이라는 제목의 기사에 우리는 어떻게 반응해야 할까요? 이 기사는 세계 지도자들이 해저 천연가스 파이프라인 폭발의 책임을 성급히 모스크바에 돌렸다고 전하면서 동시에 일부 서방 관리들은 러시아의 개입 여부에 의문을 제기하고 있다고 설명합니다. 그런데도 여전히 기사에서는 러시아가 '유럽 대륙 전역 수백만 명의 에너지 공급을 끊기 위해' 아마도 이 공격을 감행했을 것이라는 주장을 펼치고 있습니다. 우리는 이런 모순된 내용을 담은 기사를 과연 어떻게 받아들여야 할까요?

서방이 신속하게 러시아를 비난한 것은 사실이지만 그것은 러시아 관료들이 어떤 일이 벌어질 때마다 미국을 탓하는 것과 크게 다르지 않습니다. 실제로 대부분의 세계가 직감적으로 인식했듯이 러시아가 이 공격의 배후일 가능성은 매우 낮은 편입니다. 러시아는 자신들의 소중한 자산을 스스로 파괴함으로써 얻을 이익이 전혀 없습니다. 노르트스트림 파이프라인의 주요 소유주이자 개발사는 러시아 국영기업 가즈프롬$_{Gazprom}$이며, 러시아는 이 파이프라인을 통해 막대한 수익과 정치적 영향력을 기대하고 있습니다. 만약 러시아가 정말로 '에너지 흐름을 차단'하려 했다면, 굳이 폭발을 감행할 필요 없이 단순히 밸브를 잠그는 것만으로도 충분했을 것입니다. 정신이 똑바로 박힌 세계 각국도 즉시 인식했듯이 가장 유력한 범인은 동기와 실행 능력을 모두 갖춘 단 하나의 주체입니다. 미국이 이 공격을 감행할 동기를 가졌다는 점은 의문의 여지가 없죠. 이는 수년간 공공연히 선언되어 온 사실입니다.

바이든 대통령은 러시아가 우크라이나를 침공할 경우, 해당 파이프라인이 파괴될 것이라고 독일 측에 공개적으로 경고한 바 있습니다. 그렇다면 미국이 이를 실행할 능력을 갖추고 있었느냐는 질문이 남습니다. 이 역시 의심할 필요조차 없습니다. 이는 해당 파괴 행위가 발생하기 직전에 그 지역에서 대규모 미 해군 작전이 있었던 사실과 별개로도 자명한 것입니다.

하지만 그러한 명백한 결론을 이끌어 내는 일은 '다른 나라를 공격하면 결국 처벌을 받는다'는 고결한 원칙이 미국이 이라크나 그 외 다른 국가들을 공격했을 때도 동일하게 적용될 수 있다고 주장하는 것만큼이나 터무니없는 일입니다. 감히 입 밖에 낼 수도 없는 이야기지요.

그렇다면 「러시아가 노르트스트림 공격 배후라는 결정적 증거 없음」이라는 희극적인 헤드라인이 말하고자 하는 바는 무엇일까요? 그것은 결국 '러시아가 배후가 아니라는 압도적인 증거가 있으며, 오히려 미국이 배후일 가능성이 크다'는 사실을 오웰식 언어로 뒤틀어 표현한 것에 불과합니다.

가장 그럴듯한 설명은 흔히 말하는 "도둑이야, 도둑!" 전술입니다. 이는 매우 익숙한 선전 기법으로, 누군가의 주머니에 손을 넣은 채 현장에서 발각되었을 때, 결코 그 사실을 부인하지 말라는 것이죠. 부인하면 쉽게 반박당할 테니까요. 대신 다른 방향을 가리키며 "도둑이야, 도둑!" 하고 외쳐, 그 주의를 상상의 범인에게 돌리라는 것입니다. 즉, 범죄가 발생했다는 사실은 인정하되, 그 책임을 엉뚱한 대상에게 돌리는 방식입니다. 이 수법은 매우 잘 작동합니다. 화석연료 산업은 수년 동안 이

전략을 효과적으로 사용해 왔죠. 우리가 앞서 논의한 것처럼, 이러한 전술은 미국의 선전이 일반적인 독재국가의 선전보다 훨씬 더 효과적이라는 점과 결합되어 더욱 강력한 결과를 낳습니다.

미국의 선전은 다양한 논란을 허용함으로써 우리가 열린 사회임을 보여 주는 듯하지만, 그 논란의 흐름은 결국 선전 메시지를 강화하는 방향으로 정교하게 조율되어 있습니다. 이는 단순히 직접적으로 어떤 주장을 반복하는 것보다 훨씬 더 효과적으로 메시지를 대중의 사고에 내면화시키는 방식입니다. 결국 러시아의 악행에 대한 회의론이 공론장에서 제기되는 것은 우리가 얼마나 자유롭고 비판적인 사회인지를 보여 주는 듯하지만, 그 이면에서는 오히려 선전 체계가 의도한 터무니없는 메시지를 더욱 깊숙이 각인시키는 역할을 하게 되는 셈입니다. 물론 또 다른 가능성도 있습니다. 어쩌면 일부 지식인 계층은 선전 체계에 너무 깊이 몰입한 나머지, 자신들이 하는 말이 얼마나 터무니없는지조차 전혀 인식하지 못하는 것일지도 모릅니다.

어느 쪽이든 이것은 우리가 합리적 담론이 유지되기를 바라는 바로 그 영역에서 그 기반이 무너지고 있다는 냉혹한 현실을 보여 줍니다. 그리고 불행하게도 이러한 현실은 앞으로도 쉽게 바뀔 것 같지 않습니다.

요약하자면, '운명의 날 시계'를 자정 100초 전으로 앞당긴 세 가지 주요 요인인 '핵 위협, 기후 위기, 합리적 담론'의 붕괴가 지난 한 해 동안 오히려 더욱 강화되었다는 점입니다. 안타깝지만 그것이 우리가 피할 수 없는 결론입니다.

C. J. 폴리크로니우

||||| 과학자들은 지구 온난화가 문명에 심각한 재앙을 초래할 수 있는 실존적 위협이라고 경고합니다. 하지만 이러한 종말론적 주장이나 관점이 과연 우리에게 실질적인 도움이 될 수 있을까요? 실제로 조지 몬비오George Monbiot는 최근 《가디언》 칼럼에서 '세계에서 가장 강력한 국가는 이 지구를 생태계 붕괴로 이끄는 불량 국가'라고 적절히 표현했습니다. 그렇다면 성공적인 기후 대응을 실현하기 위해, 우리는 무엇을 해야 할까요?

─ 노엄 촘스키

||||| 예일대학교의 기후 및 커뮤니케이션 프로그램은 인류가 직면한 기후 위기의 현실을 사람들에게 어떻게 하면 가장 효과적으로 전달할 수 있을지를 연구해 왔습니다. 이와 유사한 연구들도 다양한 관점에서 활발히 진행되고 있습니다. 이 문제는 조지 몬비오가 말한 '이 세상을 생태계 붕괴로 이끄는 불량 국가'에는 특히 중요한 과제입니다.

그러나 결코 쉬운 일이 아닙니다. 일부 집단은 여전히 기후 변화를 부정하고 있으며, 미국 공화당의 경우 이것이 사실상 공식적인 입장이 되어버렸습니다. 이 극단적인 정당은 2008년, 공화당 대선 후보였던 존 매케인이 잠시 이성적인 입장을 취하는 듯 보였던 시기를 예외로 하면, 곧바로 코크Koch 에너지 기업의 조직적 압박에 굴복하고 말았습니다. 이후 공화당의 충성 지지자들은 지도자들과 언론으로부터 '걱정할 필요 없다'는 안심 메시지를 반복적으로 들어왔고, 이들을 설득하기란 매우 어렵습니다. 물론 이런 태도는 공화당에만 국한된 것은 아닙니다.

종말론적 메시지는 대체로 역효과를 낳습니다. 많은 사람은 그런 경고를 아예 외면하거나, 혹은 '이건 너무 큰 문제라 내가 할 수 있는 게 없어.'라며 체념하고 행동을 멈춰 버리죠. 좀 더 효과적인 접근은 사람들이 직접 체감할 수 있는 문제와 당장 실천 가능한 작고 구체적인 행동에 초점을 맞추는 것입니다. 이미 많은 기후 활동가가 이러한 전략을 현장에서 활용하고 있습니다. 물론 기후 위기의 심각성을 분명히 인식하고 있는 이들에게는 이런 방식이 다소 미온적이고 답답하게 느껴질 수도 있습니다. 하지만 대중과 소통하려면 그들의 현재 관심사와 인식 수준에 맞추어 메시지를 전달해야 합니다. 그렇지 않다면 우리의 경고는 결국 공허한 독백으로 끝나고 말 것입니다.

C. J. 폴리크로니우

▨ 최근 다른 대담에서 신자유주의적 자본주의가 지향하는 방향과 그 파급 효과에 관해 이야기한 바 있습니다. 신자유주의와 세계화는 종종 혼용되지만, 세계화는 신자유주의가 등장하기 훨씬 이전부터 존재해 온 다층적이고 복합적인 현상이라는 점은 분명합니다. 물론 오늘날 주류를 이루고 있는 세계화가 신자유주의적 성격을 띠고 있는 것은 사실입니다. 하지만 그렇다고 해서 세계화가 반드시 신자유주의의 원칙과 이념에 근거해야 한다거나, '다른 선택지는 없다'는 식의 사고방식을 정당화할 수는 없습니다. 실제로 세계 곳곳에서는 국가, 시장, 기업에 대한 시민들의 통제력을 회복하고 강화하려는 다양한 시도와 노력이 꾸준히 이어지고 있습니다. 그렇다면 제가 드리고 싶은 질문은 이것입니다. 현존하는 체제에 근본적인 의문을 제기하고, 더 나은 세계의 가능성을 모색하는 일은 과연 비현실적인 이상주의에 불과한 것일까요?

― **노엄 촘스키**

▨ 세계화란 단순히 국가 간 통합을 의미하는 것이며, 그 형태는 다양할 수 있습니다. 클린턴 정부 시기에 주도된 신자유주의적 세계화 모델은 주로 민간 자본의 이익을 증대시키는 데

초점이 맞춰졌습니다. 이는 흔히 '자유 무역'이라는 명분 아래 추진되었지만, 실제로는 투자자의 권리를 강하게 보호하는 다양한 협정들을 포함하고 있었죠.

그러나 이런 방향이 유일한 선택지는 아니었습니다. 당시 노동계와 미국 의회 기술평가국OTA은 미국 및 해외 노동자들의 권익을 고려한 대안적 접근 방안을 제시했습니다. 하지만 그 제안들은 곧바로 기각되었죠. OTA의 해체는 공화당 소속의 뉴트 깅리치가 이 기관을 자신들에게 불리한 존재로 여겼기 때문이라는 해석이 많습니다. 하지만 클린턴 행정부 내 신민주당 세력 역시 객관적 사실과 합리적 분석이 자신들의 정치적 입장과 충돌하는 것을 불편하게 여겼을 가능성이 있습니다. 그 결과 특히 약탈적 성향이 두드러진 금융 부문은 급속히 성장한 반면, 노동의 입지는 뚜렷하게 약화되었습니다. 이러한 여파는 오늘날까지도 이어지고 있습니다.

세계화는 매우 다양한 양상으로 나타날 수 있으며, 그 방식에 따라 전체 경제 구조에 깊은 영향을 미칠 수 있습니다. 오랫동안 정치와 경제를 서로 별개의 영역으로 분리하려는 경향이 존재해 왔습니다. 경제는 마치 천문학처럼 순수하고 객관적인 분야로 간주했고 경제 전문가는 이 분야를 독점적으로 다루는 '전문가 집단'으로 여겨졌습니다. 그 결과 일반 대중, 특히 노동자 계층은 경제 결정 과정에서 사실상 배제됐습니다.

최근 클라라 마테이Clara Mattei의 주목할 만한 연구에 따르면, 이러한 정치-경제의 이원적 구분은 지난 100년 동안 주로 긴축 정책이라는 형태로 나타나며, 계급 간 갈등을 조율하고 통제하는 핵심 수단으로 활용되었습니다. 이 같은 긴축 정책은 결국 파시즘의 부상을 부추겼고, 서구 상류층뿐 아니라 특히 극단적 자유주의자들 사이에서 강한 지지를 얻었습니다.

그러나 우리는 이러한 통념을 비판 없이 받아들일 필요가 없습니다. 정치적 영역, 즉 노동자와 대중이 실질적으로 참여하는 공론장은 경제 체제를 소수의 이익과 권력 집중이 아닌, 다수의 이익을 중심으로 재구성할 가능성을 열어 줍니다. 사회민주주의의 역사적 발전은 이러한 가능성을 잘 보여 주는 사례이며, 자본주의적 지배가 마치 피할 수 없는 '자연법칙'인 것처럼 받아들여야 할 이유는 없습니다. 마테이는 이렇게 말합니다.

> "조직화된 대중의 힘은 자본주의적 관계를 넘어 경제 민주주의로 나아갈 수 있다. 그렇지 않으면 지배 계층은 또다시 통제력을 강화하게 될 것이다."

따라서 현재의 체제에 도전하는 일은 결코 불가능하지 않습니다. 더 나은 세상은 우리의 손이 닿을 수 있는 곳에 있습니다. '다른 세상은 가능하다' 세계사회포럼의 이 슬로건을 진지하게 받아들여야 할 충분한 이유가 있으며, 그 가능성을 현실로 만들기 위한 노력이 지금 절실히 요구됩니다.

2부

균열의 정치

극우, 패권, 그리고 민주주의 이후

파시즘은 군홧발 소리가 아니라, 박수 소리와 함께 돌아온다. '민주주의'라는 외피를 두른 채 확산되는 극우 정치, 계급 불평등, 지정학적 강경 노선은 모두 오늘날의 '합법적 퇴행'이다. 이 장은 미국과 전 세계에서 극우의 흐름이 어떻게 사회 내부의 변화와 외부 전략을 통해 작동하고 있는지를 조망한다. 정치는 단지 선거의 과정이 아니라, 공동의 미래를 상상하고 함께 만들어가는 장이라는 사실을 다시금 묻는다.

· 노엄 촘스키 ·

우리는 신(新)파시즘의 길 위에 있다

2022년 12월 08일

C. J. 폴리크로니우

신자유주의 정책이 도입된 지 40여 년이 지난 지금, 이 체제가 불평등 심화, 사회 인프라의 붕괴, 그리고 절망과 사회적 불안을 초래하는 데 큰 역할을 해왔다는 점은 명백해 보입니다. 하지만 그에 더해 신자유주의적 사회·경제 정책이 우익 급진화와 정치적 권위주의의 부활을 촉진하는 토양이 되고 있다는 사실 또한 점점 더 분명해지고 있습니다. 물론 우리는 오래전부터 민주주의와 자본주의 사이에 본질적인 긴장이 존재함을 인식해 왔습니다. 하지만 이제는 신자유주의적 자본주의가 신파시즘을 초래하고 있다는 보다 명확한 증거들까지 제시되고 있습니다.

만약 노엄 당신께서 이 주장에 동의하신다면 신자유주의와 신파시즘 사이의 구체적인 연결고리는 무엇이라고 보십니까?

─ **노엄 촘스키**

▐▐▐▐▐ 신자유주의와 신파시즘 사이의 연결고리는 사실상 질문하신 첫 두 문장 안에 이미 명확히 드러나 있습니다. 신자유주의적 사회·경제 정책이 초래한 주요 결과 중 하나는 사회 질서의 붕괴입니다. 그 붕괴는 극단주의, 폭력, 증오, 희생양 만들기 같은 현상이 번성할 수 있는 환경을 만들어 내며, 이 틈을 타 권위주의적 인물들이 '구세주'의 모습으로 등장할 수 있는 비옥한 토양이 조성됩니다. 우리는 지금, 신파시즘의 한 형태로 나아가는 길 위에 있습니다.

『브리태니커 백과사전』은 신자유주의를 '자유 시장 경쟁의 가치를 강조하는 이념 및 정책 모델'로 정의하면서, '최소한의 국가 개입'을 그 핵심 특징으로 설명합니다. 이것이 흔히 알려진 전통적 이미지입니다. 하지만 현실은 그렇지 않습니다. 실제의 정책 모델은 경제의 지배 세력이 국가를 장악하여, 거의 아무런 제약 없이 자신들의 이익과 권력을 추구할 수 있도록 만들어진 구조입니다. 한마디로 말해, 그것은 '제약 없는 계급 전쟁'이라 할 수 있습니다.

이러한 정책의 한 측면은 극단적인 보호무역 조치와 함께 최저 임금 지급, 열악한 노동 조건을 추구함으로써 이익을 극대화하려는 세계화의 한 형태였습니다. 그 결과 미국 내에는 쇠퇴한 러스트 벨트Rust Belt가 남겨졌죠. 그러나 이는 경제적 필연성 때문이 아니라 정책적 선택의 결과였습니다.

이미 사라진 미국 의회 기술평가국OTA과 노동운동 세력은 국내외 노동자 모두에게 이익이 될 수 있는 대안을 제시했지만, 논의조차 없이 기각되었고 클린턴 행정부는 계급 전쟁을 주도하는 이들이 선호하는 방식의 세계화를 그대로 밀어붙였습니다. 실제로 존재하는 신자유주의의 핵심 결과 중 하나는 경제의 급속한 금융화였습니다. 이로 인해 단기 이익을 위한 무위험적 사기성 금융 행위가 가능해졌습니다. '무위험적'이라는 표현은 무역 협정 아래 시장에 적극 개입해 온 국가가 위기 시 다시 개입해 지배층을 구제하는 현실을 반영한 것입니다. 경제학자 로버트 폴린과 제럴드 엡스타인Gerald Epstein이 말한 '구제 금융 경제'는 레이건 시기부터 본격화되었으며, 이러한 구조는 시장이 실패하더라도 책임을 묻지 않은 채, 신자유주의적 계급 전쟁이 계속되도록 만드는 기반이 되었습니다.

'자유 시장'이 존재하지 않는 것은 아닙니다. 자본은 착취하고 파괴할 자유를 마음껏 누려왔고, 실제로 그렇게 행동해 왔습니다. 중요한 것은 이것이 단순한 경제적 문제가 아니라 인류가 조직된 삶을 지속할 가능성 자체를 위협하고 있다는 점입니다. 반면, 노동자들에게 주어진 '자유'란 그저 어떻게든 버텨야 하는 운명에 불과합니다. 실질 임금은 정체되고, 복지 제도는 축소되며, 노동 환경은 점점 더 불안정해져 프레카리아트(불안정 노동 계층)를 끊임없이 재생산하는 방향으로 재편되고 있습니다.

계급 전쟁은 언제나 그렇듯이 노동조합에 대한 공격으로 자연스럽게 시작되었습니다. 노동조합은 노동자들의 핵심적인 방어 수단이기 때문이죠. 실제로 레이건과 대처가 집권 후 가장 먼저 취한 조치도 노동조합에 대한 강경한 탄압이었으며, 이는 기업 부문에 더욱 적극적인 개입과 한층 더 과감한 조처를 하라는 신호이기도 했습니다. 때로는 불법적인 수단까지 동원되었지만, 기업이 지배하는 신자유주의 국가에서 법적 문제는 더 이상 큰 걸림돌이 아니었습니다. 당시 계급 전쟁이 본격화되었을 때, 그 지배 이데올로기는 마거릿 대처로 명확히 드러났습니다. 그녀는 '사회'라는 것은 존재하지 않는다며, 사람들은 이제 사회가 자신들을 구해 줄 것이라는 기대를 버려야 한다고 선언했죠. 그녀가 남긴 불후의 말을 인용하자면 이렇습니다.

"나는 집이 없다, 정부가 나를 위해 집을 마련해야 한다!

라고 하면서 그들은 자신들의 문제를 사회에 전가하고 있습니다. 그런데 사회라는 게 대체 무엇입니까? 그런 건 없습니다! 각각 개인 남성과 여성이 있고 가족이 있을 뿐입니다. 그리고 어떤 정부도 사람들을 통하지 않고서는 아무것도 할 수 없으며, 사람들은 먼저 자신을 돌보아야 합니다."

그러나 대처와 그녀의 동료들은 분명히 알고 있었죠. 지배층을 위한, 아주 부유하고 강력한 사회가 존재한다는 걸 말이죠. 그리고 그 사회는 단지 사람들이 어려움에 부닥쳤을 때 신속히 달려가 구제하는 유모와도 같은 국가만이 아니라, 무역협회, 상공 회의소, 로비 단체, 싱크탱크 등으로 이루어진 정교한 네트워크까지 포함하는 사회인 거죠. 반면, 특권을 갖지 못한 사람들은 자신을 스스로 돌보아야만 합니다.

신자유주의적 계급 전쟁은 그것을 설계한 이들에게는 큰 성공이었습니다. 그 한 가지 징후는 약 50조 달러가 상위 1%의 손에 넘어갔다는 사실인데, 그중 대부분은 그 설계자 중 일부에게 집중되었죠. 작지 않은 승리입니다.

계급 전쟁의 또 다른 성과는 '절망감과 사회적 불안'입니다. 이는 말 그대로 아무 데도 의지할 수 없는 상태를 의미하죠. 민주당은 1970년대 들어 노동자 계급을 사실상 포기하고, 그 대신 부유한 전문가 집단과 월스트리트를 대변하고 후원하는 정당으로 바뀌었습니다. 영국의 경우, 제러미 코빈은 노동당이 마거릿 대처의 정책에 일정 부분 동조하는 중도우파적 정당, 이른바 '대처 라이트Thatcher-lite'로 전락한 현실을 되돌리기 위해 힘썼지만, 기득권 세력은 전방위적으로 움직여 그의 노력을 집요하고 저급한 방식으로 짓밟았습니다. 코빈의 시도는 노동자와 빈곤층의 이익을 대변하는 진정한 참여형 정당을 만들기 위한 것이었지만, 이는 기존 질서에 대한 용납할 수 없는 도전으로 간주했죠. 미국의 버니 샌더스는 그보다는 조금 더 나은 성과를 거두었지만, 결국 클린턴식 정당 운영의 장악력을 완전히 깨뜨리지는 못했습니다. 사실상 오늘날 유럽에서는 전통적인 좌파 정당이 거의 사라진 상태입니다.

미국 중간선거에서 민주당은 백인 노동자 계층의 지지를 이전보다 더 많이 잃었습니다. 그 이유는 민주당 지도부가 이들의 문제를 제대로 다루지 않았기 때문이죠. 온건 좌파 정당이라면 당연히 그런 문제를 전면에 내세워 선거 운동을 펼쳤어야 했지만 민주당은 그러지 않았습니다. 계급 전쟁은 여전히 계속되고 있고, 이를 견제해야 할 주류 정치 기관들은 이미 무력화된 상황입니다. 그 틈을 파고들어 네오파시즘(권위주의와 민족 배타주의를 현대적으로 계승한, 민주주의를 위협하는 극우 이념)이 등장할 준비는 이미 충분히 갖춰져 있었던 셈이죠. 이쯤 되면 '계급 전쟁'이라는 말로는 부족합니다. 지난 40년 동안, 경제 권력을 쥔 이들과 그들의 정치적 하인들이 특히 잔혹한 형태의 계급 전쟁을 벌여 왔다는 점은 분명하지만, 그들의 공격은 이제 더 이상 전통적인 피해자들만을 향하지 않습니다. 이제 그 칼끝은 가해자 자신에게까지 향하고 있는 셈이죠.

계급 전쟁이 심화할수록 자본주의의 핵심 논리는 잔인할 정도로 선명하게 드러납니다. 이윤과 권력을 극대화하려면, 자신과 가족을 포함한 모두의 미래조차 기꺼이 희생해야 한다는 사실을 알면서도, 우리는 여전히 생명의 터전인 환경을 파괴하며 자멸의 길을 걷고 있는 것입니다.

이 상황은 흔히 말하는 '원숭이를 잡는 방법'과 닮아 있습니다. 코코넛에 손이 들어갈 정도의 구멍을 뚫고 그 안에 먹이를 넣어 두면, 원숭이는 먹이를 움켜쥔 채 손을 빼지 못해 결국 빠져나오지 못합니다. 먹이를 놓기 전에는 스스로를 구할 수 없지만, 끝내 그것을 놓지 못한 채 굶어 죽고 마는 것이죠. 지금 우리의 모습이 딱 그렇습니다. 이 슬픈 쇼를 연출하고 있는 존재는 다름 아닌 우리 자신이며, 이것은 바로 우리 시대의 자화상이기도 합니다.

우리의 지도자들은 마치 손에 쥔 것을 끝내 놓지 못하는 원숭이처럼 자멸로 향하는 길을 집요하게 고집하고 있습니다. 국가 차원에서 공화당은 '에너지 차별 철폐' 법안을 추진하며, 화석연료 기업에 대한 투자 정보를 공개하는 일조차 막으려 하고 있죠. 그들은 자신들이 인간 생명의 미래를 희생시키며 이익을 좇고 있다는 사실을 알면서도, 단지 '자본주의의 논리'에 따라 행동하는 것일 뿐이라며, 자신들에 대한 비판을 부당한 공격으로 치부합니다.

최근의 한 사례는 그 민낯을 여실히 보여 줍니다. 공화당 소속 법무장관들이 연방에너지규제위원회에 서한을 보내 자산운용사들이 온실가스 배출 감축 프로그램에 참여하는 미국 전력회사의 주식을 매입하지 못하도록 요청한 것입니다. 다시 말해, 우리 모두를 파멸에서 구하려는 시도를 노골적으로 가로막은 셈이죠. 이 무리의 챔피언이라 할 수 있는 블랙록BlackRock CEO 래리 핑크는 앞으로 수년간 화석연료에 대한 투자를 촉구하면서도, 자신이 '좋은 시민'임을 자랑스럽게 내세웁니다. 그는 화석연료에서 배출되는 독성 물질을 제거할 수 있는, 아직은 공상에 가까운 기술에 투자할 기회를 반기며, 심지어 녹색에너지에도 투자할 용의가 있다고 말합니다. 물론 높은 수익이 보장되는 한에서만 말이죠.

결국 우리는 재앙을 피하기 위해 자원을 집중적으로 투입하기는커녕, 극소수 부유층의 협조를 이끌어 내기 위해 뇌물에 가까운 유인을 제공해야 하는 현실에 놓여 있습니다.

이 교훈은 너무도 분명합니다. 신자유주의는 이제 경제를 넘어 사회와 환경 전반에 이르기까지 전방위적인 전쟁을 벌이고 있으며, 그 마지막 단계는 비극과 희극이 결합된 광경으로 펼쳐지고 있습니다. 하지만 이와 동시에 자본주의 논리의 잔해에서 벗어나려는 대중 운동이 점차 확산하고 있습니다. 그것이야말로 새로운 사회 질서를 향한 긍정적이고 희망적인 흐름이라 할 수 있겠죠.

C. J. 폴리크로니우

도널드 트럼프의 집권으로 백인 우월주의와 권위주의가 다시 주류 정치로 돌아왔습니다. 이는 결국 미국이 결코 파시즘에 면역된 나라가 아니었음을 보여 주는 것이 아닐까요?

노엄 촘스키

'파시즘'이라는 말은 무엇을 뜻할까요? 이 개념을 이해하려면 두 가지 측면을 나누어 살펴볼 필요가 있습니다. 하나는 거리에서, 즉 눈앞에서 벌어지는 가시적인 현상이고, 다른 하나는 그 이면에 자리한 사고방식과 정책입니다.

거리의 파시즘은 무솔리니의 검은 셔츠단이나 히틀러의 갈색 셔츠단처럼 폭력적이고 잔인한 형태로 드러납니다. 미국 역시 이런 폭력에 결코 면역된 적이 없습니다. 원주민을 강제로 몰아내고 노예제도를 만들었으며, 그 뒤로는 흑인을 차별하는 짐 크로Jim Crow 법을 시행하는 등, 폭력과 억압의 역사를 지니고 있죠.

이러한 의미의 '거리 파시즘'이 절정에 달했던 시기는 무솔리니가 로마로 진군하기 직전이었습니다. 제1차 세계대전 이후, 윌슨-팔머 시대의 이른바 '적색 공포' 시기는 앞서 언급한 두 가지 원죄, 즉 원주민 학살과 노예제도를 제외하면, 미국 역사상 가장 잔혹한 폭력적 탄압의 시기였습니다. 이 충격적인 역사는 애덤 호크실드Adam Hochschild의 통찰력 있는 연구서 『미국의 한밤중America's Midnight』에서 생생하고도 치밀하게 다뤄지고 있습니다. 늘 그렇듯이 흑인들이 가장 큰 고통을 겪었습니다. 털사 인종 학살3을 비롯한 대규모 학살과 린치, 그리고 그 밖의 끔찍한 만행들이 자행되었죠. 이민자들 역시 광신적인 '미국주의'와 볼셰비즘에 대한 공포가 만들어 낸 폭력의 또 다른 표적이었습니다. 수백 명의 '전복적 인사'들이 추방당했고, 한때 활발했던 사회당은 사실상 완전히 무너져 다시는 회복하지 못했습니다. 노동운동 또한 치명적인 타격을 입었죠. 세계산업노동자연맹Wobblies은 물론 그보다 더 많은 노동 단체들이 피해를 보

---

3 **털사 인종 학살** 1921년 5월 31일부터 6월 1일까지 이틀간, 백인 폭도들이 오클라호마주 털사시의 흑인 집단 거주지인 그린우드 구역에 난입해 수백 명의 흑인을 살해하거나 부상하게 한 사건이다.

았습니다. 애국심이라는 이름 아래, '붉은 위협'으로부터의 방어라는 명목 아래, 잔혹한 방식의 파업 진압이 버젓이 자행되었던 시기였습니다.

그 광기는 결국 너무도 터무니없는 수준까지 치달은 끝에 스스로 자멸하고 말았습니다. 파머 법무부 장관과 그의 보좌관 J. 에드거 후버는 1920년 5월 1일, 볼셰비키들이 주도하는 폭동이 일어날 것이라고 예고하며, 경찰과 군대, 자경단까지 동원해 격렬한 경고 메시지를 퍼뜨렸죠. 하지만 그날 벌어진 일이라곤 몇몇 사람들이 공원에서 소풍을 즐긴 정도였습니다. 광범위한 조롱과 '정상성'에 대한 대중의 갈망이 결국 그 광기에 종지부를 찍은 셈입니다.

하지만 그 잔재가 완전히 사라진 것은 아니었습니다. 애덤 호크실드는 이 시기에 미국 사회의 진보적 선택지가 심각한 타격을 입었다고 지적합니다. 더 진보적인 미국이 탄생할 수도 있었지만, 실제로 일어난 일은 극단적인 형태의 거리 파시즘이었죠.

이념과 정책의 관점에서 보자면, 위대한 베블렌 학파 정치경제학자 로버트 브래디Robert Brady는 80년 전 이미 산업 자본주의가 지배하는 세계 전체가 일종의 파시즘으로 향하고 있다고 주장했습니다. 그는 이를 강력한 국가가 경제와 사회 전반을 통제하는 구조로 설명했지만, 한 가지 결정적인 차이가 존재할 수 있다고 보았습니다. 그것은 바로 대중이 정책 결정에 영향을 미칠 수 있는가, 다시 말해 정치적 민주주의가 여전히 작동하고 있는가 하는 점입니다. 그런 주제들은 그 당시에도 흔히 논의되었고 이후에도 일정 부분 좌파와 우파 진영 모두에서 계속 나타났습니다. 하지만 전후 수십 년간 유지되던 규제 자본주의 체제가 신자유주의적 공세로 전환되면서 이 논의들은 거의 의미를 잃고 말았습니다. 신자유주의는 애덤 스미스의 개념을 강하게 되살리는데, 이는 곧 경제의 지배자들이 정부 정책의 주요 설계자가 되어 자신들의 이익을 보호하도록 정책을 만들어간다는 의미였죠. 신자유주의적 계급 전쟁이 진행되면서 사적 권력은 더욱 집중되었고, 그들은 아무런 책임도 지지 않은 채 점점 더 경제와 정치의 양 영역을 동시에 지배하게 되었습니다.

그 결과 사람들은 정부가 더 이상 우리를 위해 봉사하지 않고 다른 누군가를 위해 움직인다는 인식을 갖게 되었고, 그것은 사실 틀린 말이 아니죠. 또한 이처럼 집중된 사적 권력이 만들어 내는 교리 체계는 권력의 실제 작용으로부터 사람들의 주의를 돌리며, 이른바 '음모론'이라 불리는 생각들이 발붙일 공간을 제공했습니다. 이 음모론들은 대개 일부 사실이나 단편적인 증거에 기대고 있으며, 거대한 대체 이론, 자유주의 엘리트,

유대인, 그 밖의 익숙한 허구의 대상들을 적으로 상정합니다. 이러한 흐름은 다시 '거리 파시즘'으로 이어지며, 억제되지 않은 채 퍼져나가는 유독한 분노와 불신을 기반으로 비양심적인 선동가들에게 손쉽게 이용됩니다. 그 규모와 성격은 오늘날 여러 타격을 겪고도 가까스로 남아 있는 기능하는 민주주의마저 위협할 정도로 절대 작지 않습니다.

C. J. 폴리크로니우

어떤 사람들은 우리가 역사적인 시위의 시대에 살고 있다고 주장합니다. 실제로 지난 15년 동안 전 세계 거의 모든 지역에서 시위 운동이 급격히 증가했습니다. 후기 신자유주의 시대에 접어든 지금, 정치적 시위가 왜 이처럼 더욱 광범위하고 빈번해졌을까요? 또한 이러한 시위들은 1960년대의 시위 운동과 어떤 점에서 비교할 수 있을까요?

— 노엄 촘스키

시위 운동은 서로 다른 여러 배경과 원인을 갖고 있습니다. 예를 들어, 브라질 대선에서 신파시스트 자이르 보우소나루의 패배에 항의하며 전국을 거의 마비시킨 트럭 운전사들의 파업은 2021년 1월 6일 미국 워싱턴에서 벌어진 사태와 유사한 면이 있었습니다. 일부에서는 당선인 룰라 다 시우바가 1월 1일

취임하는 날, 그와 유사한 사태가 다시 발생할 수 있다는 우려도 제기됐죠.

하지만 이러한 시위 운동은 경찰에 구금된 뒤 사망한 지나 마샤 아미니Jina Mahsa Amini의 죽음으로 촉발된 이란의 놀라운 봉기와는 전혀 성격이 다릅니다. 이러한 봉기는 주로 젊은 여성들이 주도하며, 더 넓은 계층을 끌어들이고 있습니다. 즉각적인 목표는 여성의 복장과 행동을 규제하는 엄격한 통제를 무너뜨리는 것이지만, 시위자들은 그보다 더 근본적인 변화를 요구하고 있으며, 때로는 억압적인 성직자 정권의 퇴진을 외치기도 합니다.

시위대는 몇 가지 성과를 거두기도 했습니다. 정부는 도덕경찰(국가가 시민의 복장, 행동, 종교적 규범 등을 감시하고 통제하는 기관)을 해체하겠다고 발표했지만, 실제로 그렇게 될지는 여전히 불확실하죠. 그저 용감한 저항의 요구에 형식적으로 응답한 수준이라는 평가도 나옵니다. 그리고 세계 곳곳의 다른 시위들도 각기 고유한 맥락과 특수한 조건 속에서 발생하고 있습니다. 이러한 시위들 사이에 공통점이 있다면, 그것은 지난 몇 년간 기존의 사회 질서를 깊이 흔들었다는 점일 겁니다. 하지만 제 관점에서 보자면, 이 시위들은 1960년대의 운동들과는 거의 공통점이 없어 보입니다.

C. J. 폴리크로니우

▓ 신자유주의와 사회 불안 사이에 어떤 연관성이 있든 간에 사회주의가 여전히 세계 대부분 지역에서 시민들의 지지를 얻는 데 어려움을 겪고 있다는 사실은 분명합니다. 왜 그런 걸까요? 사회주의적 미래로 나아가는 데 걸림돌이 되는 요인은 이른바 '실제로 존재했던 사회주의'의 유산 때문일까요?

─ 노엄 촘스키

▓ 파시즘과 마찬가지로 가장 먼저 던져야 할 질문은 우리가 '사회주의'라는 말을 어떤 의미로 사용하고 있는가입니다. 넓은 의미에서 이 용어는 생산 수단의 사회적 소유와 노동자에 의한 기업 통제를 뜻해 왔습니다.

그러나 '실제로 존재했던 사회주의'는 이런 이상과는 거의 공통점이 없었죠. 서구에서 '사회주의'는 현대적 해석을 거치며, 복지국가형 자본주의를 포함한 다양한 사회경제적 모델을 포괄하는 개념으로 진화해 왔습니다. 이러한 계획들은 종종 폭력에 의해 억압되었고, 앞서 언급한 '적색 공포'는 그 대표적인 사례입니다. 그 영향력은 상당히 오래 지속되었죠. 그로부터 얼마 지나지 않아 대공황과 제2차 세계대전은 세계 곳곳에서 급진적 민주주의의 물결을 일으켰습니다. 당시 승전국들의 핵심 과제는 이 움직임을 억제하는 것이었고, 그 시도는 미국과 영국의 이탈리아 침공으로 시작됐습니다. 이들은 저항군이 주도한 노동자·농민 중심의 사회주의 운동을 해체하고, 파시스트 협력자들을 포함한 기존 질서를 복원하는 데 주력했죠.

이 같은 패턴은 다른 지역에서도 다양한 방식으로 반복되었고, 때로는 극단적인 폭력을 수반했습니다. 러시아는 자국 내에서 철권통치를 시행했으며, 제3세계 국가들에서는 이와 유사한 방식이 훨씬 더 가혹하고 잔인한 형태로 적용되었습니다. 심지어 교회를 기반으로 한 운동조차 예외는 아니었습니다. 라틴아메리카에서는 미국의 개입과 폭력으로 인해 해방신학이 탄압받았고, 미군은 이 운동을 무너뜨리는 데 자신들이 기여했다고 자처하기도 했습니다.

이처럼 적대적 선전과 억압의 층을 걷어내고 본다면, 과연 이런 기본적인 사상들이 정말 대중에게 외면받고 있는 것일까요? 오히려 이 같은 이상들은 사회 깊은 곳에 잠재되어 있다가 적절한 조건과 계기가 마련되면 언제든 폭발적으로 되살아날 가능성을 지니고 있다고 봐야 합니다.

* 노엄 촘스키 *

당신이 가난한 건 당신 탓이 아니다

2022년 8월 27일

C. J. 폴리크로니우

▮▮▮▮ 노엄, 현재의 공화당은 미국을 권위주의 체제로 이끄는 매우 노골적인 반민주적 정치 조직이 되었다고 볼 수 있습니다. 실제로 다수의 공화당 유권자들은 대통령 선거 결과를 뒤집으려 했던 정치인을 여전히 지지하고 있으며, 자국 내 민주주의를 해체한 헝가리의 강경 지도자 빅토르 오르반Viktor Orbán에게 매료된 모습도 보이고 있습니다. 공화당원들이 마러라고(트럼프의 개인 소유 리조트 겸 주택)에 대한 FBI의 급습에 대응한 방식도 더 이상 놀랍지 않습니다. 그들에게는 법치주의가 그다지 중요하지 않은 듯 보이고, 보수 진영은 오히

려 민주당이 국가를 권위주의로 이끈다고 비난하고 있죠.

지금 공화당의 성격을 형성하고 있는 핵심 동력은 무엇이라고 보시나요?

── 노엄 촘스키

▮▮▮▮ 지금 우리 눈앞에서 전개되고 있는 현실은 일종의 고전적 비극에 가깝습니다. 결말은 이미 정해진 듯 보이고, 그 종착지를 향한 행진은 막을 수 없을 만큼 가속화되고 있죠. 그리고 그 근원은 미국 사회의 깊은 역사적 뿌리 속에 자리하고 있죠. 이 사회는 특권층에게는 자유롭고 풍요로운 공간이었지만, 그 길에서 배제되었거나 소외된 이들에게는 가혹하고 배타적인 공간이기도 했습니다.

100년 전에도 오늘날과 유사한 상황이 있었습니다. 노동사학자 데이비드 몽고메리David Montgomery는 자신의 고전적 저작인 『노동계급의 몰락Fall of the House of Labor』에서 1920년대를 "기업의 미국 사회 지배는 확고해 보였다. (…) 꼭 필요했던 정부의 지원 덕분에 사업의 합리화가 가능해졌다."라고 묘사했습니다. 그 시기에는 불평등이 급격히 심화했고 부패와 탐욕 또한 함께 극에 달했습니다. 한때 활발했던 노동운동은 우드로 윌슨 대통령 시기의 '적색 공포' 아래 짓밟혔고, 그 이전에도 수십 년간 지속된 폭력적 탄압을 견뎌야 했습니다. 몽고메리는 이어 이렇게 말합니다.

> "현대 미국은 노동자들의 저항 속에서 형성되었다. 그 과정에서 노동계급이 만들어 낸 활동, 조직, 제안들은 깊은 영향을 남겼다."

19세기 후반, 공장 노동자들은 '공장은 우리가 소유해야 한다'고 주장했던 '노동기사단Knights of Labor'을 중심으로 움직였고, 동북부 은행가들과 시장 지배에서 벗어나 '협동 공화국'을 세우려 했던 급진 농민운동 '대중당'도 등장했습니다. 이 두 흐름 사이에는 잠재적인 연대의 가능성도 보였습니다. 만약 이들이 힘을 모았다면, 오늘날과는 전혀 다른 미국이 탄생했을지도 모릅니다.

그러나 이 같은 시도는 국가와 기업의 조직적인 탄압과 폭력을 이겨내지 못했습니다. '노동계급의 몰락' 이후 몇 년이 지나 대공황이 닥쳤고, 이에 따라 노동운동은 다시 활력을 되찾으며 확산되었습니다. 대규모 산업 조직화와 전투적인 행동이 이어졌고, 무엇보다 당시에는 노동에 우호적인 행정부와 활기차고 때로는 급진적인 정치 환경이 이를 뒷받침해 주고 있었습니다. 이 모든 요소가 결합되어 미국인의 삶을 획기적으로 개선하고, 유럽의 사회민주주의에도 영향을 미친 뉴딜New Deal 개혁의 기반이 마련된 것입니다. 당시 기업계는 하나로 뭉쳐 있지 않았습니다. 정치경제학자 토머스 퍼거슨Thomas Ferguson의 연구에 따르면, 자본 집약적이고 국제 지향적인 기업들은 뉴딜 정책을 수용했지만 노동 집약적이고 국내 중심적인 기업들은 이를 격렬히 반대했습니다. 이들 기업의 간행물은 새롭게 정치적 권력을 얻은 대중의 지지를 받는 노동운동이 산업계에 중대한 위협이 된다고 경고하며 불길한 전망을 쏟아냈습니다. 이러한 문제의식은 기업 선전에 대한 초기 연구로 주목받은 알렉스 캐리Alex Carey의 저서『민주주의에서 위험을 제거하기Taking the Risk Out of Democracy』에서 깊이 있게 다뤄졌습니다.

제2차 세계대전이 끝나자, 기업계는 곧바로 노동계에 대한 대대적인 공세를 시작했습니다. 그 규모는 실로 방대했고, 노동자들을 대상으로 한 강제 교육 세션부터 스포츠 리그의 장악에 이르기까지 다양한 방식으로 전개되었습니다. 이 모든 활동은 '자유 기업'이라는 개념을 대중에게 각인시키려는 조직적 캠페인의 일부였습니다. 아이러니하게도 이러한 '자유 시장'의 가치를 외치던 기업들은 정작 신경제를 구축하는 과정에서는 연구개발 비용을 친절한 납세자들에게 전가하며 공공 재원을 마음껏 이용하고 있었죠. 기업의 조직적 캠페인은 '매카시즘'이라 불리는 시민 자유에 대한 광범위한 공격 속에서 더욱 가속화되었습니다. 이로 인해 가장 유능하고 효과적인 노동운동가와 조직자 다수가 추방되거나 배제되는 결과를 낳았죠. 노동조합은 결국 작업 현장에서의 핵심적인 역할을 포기하는 대신 자본과의 협약을 통해 조합원(대중이 아닌)에게 제한적인 혜택을 제공받는 방식에 동의하게 되었습니다.

전후 초기의 규제된 자본주의는 높은 경제 성장률과 상대적으로 평등한 분배 구조를 특징으로 하며, 흔히 '국가 자본주의의 황금기'로 불립니다. 그러나 1960년대 중반에 이르자, 대중적 활동은 오랫동안 은폐되어 온 미국 역사의 기록을 드러내기 시작했고, 그 잔혹한 유산을 정면으로 다루기 시작했습니다. 이 역시 당시 행정부의 일정 수준의 협력 아래 이루어진 변화였습니다. 그러나 1970년대 초반에 들어서면서 전후 체제를 떠받치던 브레튼우즈(1944년, 미국 뉴햄프셔주 브레튼우즈에서 열린 국제 통화금융 회의에서 만들어진 국제 경제 질서) 체제를 약화시킨 '닉슨 쇼크', 스태그플레이션의 충격, 그리고 사회를 더 문명화하려는 대중 운동의 위협이 겹쳐지며 기존의 사회 질서는 흔들리기 시작했습니다. 이러한 상황은 주류 언론 전반(좌우를 막론하고)에서 드러나는 엘리트들의 우려를 통해 분명히 확인할 수 있었죠.

진보적 자유주의 진영의 극단에서는 삼자위원회에 속한 국제주의 성향의 자유주의자들이 첫 번째 보고서인 〈민주주의의 위기〉를 발표했습니다. 이 위원회의 이념적 성격은 카터 행정부의 주요 요직 대부분이 위원회 구성원들로 채워졌다는 사실만 보아도 분명하게 드러납니다.

그들이 '위기'로 규정한 것은 1960년대 시민 사회의 활발한 대중 활동이었습니다. 이러한 움직임은 일반 대중이 정치 영역에서 자신들의 이해관계를 더욱 적극적으로 표현하고 요구하게 했죠. 위원회는 이른바 '특별 이해집단'이라 불리는 이들이 정부에 과도한 요구를 제기함으로써 민주주의의 안정성을 해친다고 판단했습니다. 위원회가 제시한 대안은 이러한 집단들이 민주주의 체제 내에서 좀 더 '절제된' 행동을 해야 한다는 것이었습니다. 그런데 이 '특별 이해집단'이라는 범주는 실상 소수 인종, 여성, 청년, 노년층, 노동자, 농민 등 사실상 일반 국민 전체를 포함하는 개념이었고, 이들에게 요구된 것은 적극적 참여자가 아닌 소극적 방관자의 역할이었습니다.

이러한 주장은 월터 리프먼Walter Lippmann, 해럴드 라스웰Harold Lasswell, 라인홀드 니부어Reinhold Niebuhr 등 대표적인 자유주의 사상가들이 발전시킨 자유민주주의 이론과 궤를 같이합니다. 여기에는 명시되지는 않았지만 중요한 전제가 하나 깔려 있습니다. 월터 리프먼이 조언했듯이 이른바 '특수 이해집단'은 자신들의 자리를 지켜야 한다는 것이죠. 그래야 '인류의 주인들'이

지지하는, 곧 '국가 이익'을 위한 충분한 공간이 확보된다는 논리입니다. 여기서 말하는 인류의 주인들은 애덤 스미스가 기업 계층을 지칭하기 위해 사용한 표현으로 이들은 국가 정책이 자신들의 이익을 가장 우선으로 보살피도록 설계되기를 기대합니다. 그리고 이러한 기대는 오늘날까지도 여전히 강하게 작동하고 있습니다.

삼자위원회 계열의 자유주의자들이 특히 우려했던 부분은 젊은 세대의 사상 주입을 담당하는 핵심 기관들, 특히 학교와 대학이 제 역할을 하지 못하고 있다는 점이었습니다. 그들의 관점에서 보면, 바로 이러한 실패가 있었기 때문에 젊은 세대가 시민권, 여성의 권리, 그리고 불법적인 침략 전쟁의 종식을 요구하며 거리로 나선 것이었죠. 이는 젊은이들이 사회가 요구하는 수동성과 순응의 궤도를 벗어나 독자적인 방향으로 향하고 있다는 신호였습니다. 따라서 '올바른 사회 질서'를 유지하려면 이 흐름을 되돌릴 필요가 있었고, 실제로 그런 방향 전환을 위한 조치들이 적절한 시기에 취해졌습니다.

또 다른 주요한 우려는 통제되지 않은 '적대적 언론'이었습니다. 이들은 지나치게 많은 질문을 제기함으로써 '민주주의'를 위협하고 있다고 여겨졌죠. 위원회는 이 위기를 극복하기 위해 때에 따라 국가의 개입이 필요할 수도 있다고 제안했습니다.

이것이 바로 주류 정치 담론 내 좌파 진영이 '혼란의 시대'를 바라본 관점이었습니다. 반면, 우파 진영은 훨씬 더 단호하고 강경한 태도를 취했습니다. 그 대표적인 사례가 바로 '파월 메모랜덤Powell Memorandum'입니다. 이 문서는 훗날 미국 연방대법관이 된 기업 변호사 루이스 파월이 미 상공회의소에 제출한 것으로, 극도의 위기의식 속에서 작성된 것이었습니다.

파월은 미국의 '경제 시스템'과 '법치에 기반한 민주주의 정치 체제'가 전례 없는 공격에 직면해 있다고 주장했습니다. 그의 견해에 따르면, 이 공격은 경제와 민주주의의 존립 자체를 심각하게 위협할 정도로 강력하며, '신중한 사람이라면 이 사실을 의심할 여지가 없다'고 단언합니다.

그는 기업들이 더 이상 전통적인 수동적 태도에 안주해서는 안 된다고 강조합니다. 대신 기업은 '기본적인 경제 체제, 철학, 자율적 경영 권리, 그리고 무엇보다 그 진실성에 대한 전방위적 공격'에 맞서 단호히 대응해야 한다고 촉구합니다. 아울러 기업이 이러한 조처를 할 충분한 역량을 갖추고 있다는 점도 분명히 했습니다. 그는 그 근거로 미국 사회의 대부분이 기업에 집중되어 있으며, 민주주의와 자유를 약화하려는 여러 기관이 실제로는 기업 세계와 긴밀히 연결되어 있다는 점을 제시합니다.

파월이 제시한 대응 조치는 매우 포괄적이었습니다. 그는 '체제의 파괴를 노골적으로 추구하는 인물들 예컨대, 랄프 네이더Ralph Nader나 허버트 마르쿠제Herbert Marcuse와 같은 이들에 대해 공개적인 비판을 주저해서는 안 된다'고 주장했습니다. 특히 그는 '아마도 미국 기업에 가장 효과적인 적수는 랄프 네이더일 것'이라며 언론의 전폭적인 지지를 바탕으로 네이더가 자신의 시대에 전설로 떠올랐고, 수백만 미국인의 우상이 되었다고 지적합니다. 그는 좌파가 미디어를 장악한 현실을 매우 뿌리 깊은 문제로 보았습니다. 그는 네이더가 자동차 산업에 더 높은 안전 기준을 요구한 사실조차 언론이 이를 칭찬했다는 이유로, 자신이 옹호하는 기업의 핵심 가치를 향한 부당한 공격으로 받아들였습니다.

허버트 마르쿠제 역시 그에 못지않게 위험한 인물로 지목됩니다. 파월은 마르쿠제가 대학 캠퍼스에서 막대한 영향력을 행사하고 있으며, 이곳이 '미국의 정치·경제 시스템을 경멸하는 총명한 젊은이들'을 배출하는 극좌파의 요새가 되었다고 평가합니다. 이러한 젊은이들은 졸업 후 언론, 교육, 정부 등으로 진출하게 되며, 기업과 '자유 시장'의 가치를 옹호하는 인물들은 오히려 이들 기관에서 배제되고 있다는 것이 그의 주장입니다. 사람들이 흔히 기업이 정부에 막강한 영향력을 행사한다고 여기지만, 파월은 이 같은 인식에 정면으로 반박합니다. 그는 기업과 기업인들이 실제로는 정부 내에서 큰 힘을 갖지 못하며, 주주들 또한 모두 부유한 엘리트층에 속하지 않는다고 주장합니다.

이 대목에서 파월은 단순히 우파적 선동을 펼치는 데 그치지 않고, 실제 사례를 근거로 제시합니다. 그는 "요즘 정치인들이 '소비자 보호'나 '환경 보호' 관련 법안이라면 무조건 몰려가 지지하는 현상은 기업의 무력함과 그 목소리가 거의 무시당하고 있는 현실을 단적으로 보여 준다."라고 말합니다. 그는 이 용어들에 의도적으로 따옴표를 붙였는데, 이는 좌파가 만들어 낸 터무니없는 언어유희에 불과하다는 식의 냉소적 비판을 담고 있는 표현입니다. '미국적인 모든 것'을 혐오하는 이 병적인 현상으로부터 치유되어야 할 대상은 비단 대학 캠퍼스만이 아니며 언론, 특히 TV 역시 동일하게 '치유'의 대상이며, 교과서를 검열하듯 철저한 감시 체계 아래 놓여야 한다고 주장합니다. 그리고 이 감시는 '미국식 삶'을 수호한다는 명분 아래, 기업이 신뢰할 수 있는 독립적이고 중립적인 감시자들에 의해 수행되어야 한다는 것입니다. 그는 특히 뉴스 프로그램 가운데서도 '매일 뉴스 해설'을 가장 위험한 사례로 지목합니다. 이 프로그램들에는 기업 시스템을 교묘히 공격하는 비판적 시선이 은밀히 스며들어 있다는 것이 그의 주장입니다.

지난 20년간 기업 시스템에 대한 공격은 조용히 지속되어 왔지만, 기업들은 이에 침묵으로 일관해 왔습니다. 본사에 앉아 있는 순진한 이들은 '자유시장경제'를 적극적으로 알리는 프로그램을 만들어야 한다는 생각조차 하지 못했죠. 반면, 학계에서는 이런 시도들이 실제로 매우 구체적인 방식으로 추진됐다고 그는 상세히 밝히고 있습니다. 억울하게도 핍박받고 있는 기업계는 엘드리지 클리버Eldridge Cleaver나 심지어 찰스 라이크Charles Reich 같은 진보 인사들과 독자들의 관심을 놓고 겨루기조차 어려우며, '이 나라에 진짜 필요한 것은 부의 재분배'라고 공공연히 주장하는 초진보 성향의 잭 뉴필드Jack Newfield 같은 인물들과는 더더욱 경쟁이 안 된다는 것입니다.

아, 참으로 끔찍한 현실이 아닐 수 없습니다. 부를 더욱 부유한 이들에게 재분배하는 흐름은 곧 본격적으로 전개되었으며, 이는 부분적으로는 파월 메모의 영향을 받았지만, 그보다는 밀턴 프리드먼Milton Friedman과 같은 이념적 지도자들에 의해 이미 독립적으로 추진되고 있었습니다.

1970년대의 혼란은 신자유주의 경제학자들에게 절호의 기회였죠. 그들은 당시 칠레 경제를 붕괴시키는 작업을 진행 중이었고, 실제로 곧이어 그 붕괴는 현실이 되었습니다. 이후 그들은 이념의 실험장을 미국과 영국, 나아가 전 세계 여러 국가로 확대해 나가기 시작했습니다. 파월 메모를 통해 우리는 미국 상공회의소의 사고방식을 엿볼 수 있습니다. 그 기본 태도는 마치 세상 모든 것을 가진 버릇없는 세 살배기 아이와도 같습니다. 자기가 갖고 있는 줄도 몰랐던 구슬 하나를 누군가 가져가면, 소리를 지르며 떼를 쓰는 격이죠. 거의 모든 것을 가지고 있으면서도 결코 만족할 줄을 모릅니다.

우리는 '세상의 모든 것은 우리를 위한 것이고, 다른 사람들을 위한 것은 아무것도 없다'는 이른바 인류의 주인들이 내세우는 추악한 신조로부터 좀처럼 벗어나지 못하고 있습니다. 이는 애덤 스미스의 표현대로 '세상의 모든 시대에 통용되는' 진리처럼 보일 정도입니다.

'인류의 주인들'이 감행한 공격이 무엇을 의미하는지는 곧 분명해졌습니다. 1978년, 미국 자동차 노조 위원장 더그 프레이저는 지미 카터 대통령이 조직한 노사협의회에서 탈퇴하며, 기업 지도자들이 이 나라에서 일방적인 계급 전쟁을 선택했다고 강하게 비판했습니다. 그에 따르면, 그 전쟁의 대상은 노동자, 실업자, 빈곤층, 소수자, 어린아이들, 노인들, 그리고 심지어 사회의 많은 중산층에까지 이른다고 했습니다. 프레이저는 또한 기업들이 과거 성장과 진보의 시기 동안 암묵적으로 유지되어 오던 계급 간 협력이라는 '황금기'의 취약한 사회적 합의를 스스로 파기하고 내던져 버렸다고 지적했습니다.

그리고 신자유주의 시대에 접어들면서 본격적인 계급 전쟁이 시작되었습니다. 정치 정당들은 기업의 공세에 점차 적응했고, 오히려 그 흐름을 가속하는 데 일조했습니다. 민주당은 노동 계층에 대한 제한적이던 약속마저 저버리고, 부유한 전문직 종사자들과 월스트리트의 이해를 대변하는 정당으로 변모했습니다. 한때 자유주의 성향의 민주당과 거의 구분되지 않던 온건파 공화당은 사실상 사라졌고, 오늘날엔 그들조차 공화당 내에서 실질적인 영향력을 인정받지 못하는 처지에 놓였습니다. 공화당 지도부는 자신들의 실제 정책, 즉 초부유층과 대기업의 이익에 철저히 복무하는 정책만으로는 대중의 지지를 얻기 어렵다는 사실을 잘 알고 있었습니다.

그래서 그들은 유권자들의 관심을 '문화 전쟁 이슈'로 돌리는 전략을 택했습니다. 이 전략은 닉슨의 '남부 전략'에서 출발했는데, 인종차별적 뉘앙스를 담은 암시나 특정 집단에게만 전달되는 은밀한 메시지를 통해 남부의 민주당 지지자들을 공화당으로 끌어들이려는 시도였습니다. 이후 레이건 시기에는 이러한 암시들이 노골적인 외침으로 바뀌었고, 공화당은 낙태에 강력히 반대하는 입장을 취함으로써 복음주의자들과 가톨릭 유권자들의 지지를 확보했습니다. 이어 총기 문제 등 다양한 이슈들을 동원해 오늘날의 정치적 기만 전략을 완성해 갔습니다.

그러는 한편, 그들은 무대 뒤에서는 '모든 것은 우리를 위해 있다. 다른 사람들을 위한 것은 아무것도 없다'는 그 추악한 신조를 더욱 집요하게 추구해 온 것입니다.

민주당이 노동자 계층을 자본의 손에 넘겨주었지만, 자본의 공세가 완전히 자유롭게 펼쳐지기에는 여전히 몇 가지 제약이 남아 있었습니다. 그러나 레이건 진영은 이러한 장벽을 제거하고, 자신들이 '적'으로 규정한 노동자 계층으로부터 모든 방어 수단을 박탈할 필요가 있다는 점을 분명히 인식하고 있었습니다.

영국의 마거릿 대처와 마찬가지로 그들이 취한 첫 조치는 노동계에 대한 전면적인 공격이었습니다. 이는 제2차 세계대전 이후 다시 본격화된 노동자 계급에 대한 전쟁을 기업들이 더욱 격화시킬 수 있는 길을 열어 주었습니다. 이후 빌 클린턴 역시 신자유주의적 세계화 정책을 통해 이 흐름에 동참했고, 그의 정책은 기업의 이윤을 극대화하고 노동자를 더욱 무력화시키는 데 초점을 맞춘 것이었습니다.

하위 99%로부터 상위 1%로 약 50조 달러의 부가 '이전'된 것을 비롯해, 사실상 아무런 제어 없이 벌어진 계급 전쟁의 다양한 '성과'들을 일일이 되짚을 필요는 없을 것입니다. 그 가운데 특히 두드러지는 사례 중 하나는 사망률입니다.

1980년대 이후 미국은 사망률 지표에서 다른 선진국들에 비해 점점 뒤처지기 시작했고, 그로 인한 초과 사망자는 2021년까지 누적 100만 명을 넘어섰습니다. 지난 6년간의 사망률 증가는 전쟁이나 전염병을 제외하면 역사적으로도 유례없는 수준입니다. 이 시기를 전후해 미국의 의료비는 비슷한 수준의 국가들보다 훨씬 높아졌고, 그 결과 의료 성과는 오히려 최하위권으로 떨어졌습니다.

또한 수감률 역시 비정상적으로 치솟은 현상 가운데 하나입니다. 1970년대까지만 해도 미국의 수감률은 다른 국가들과 유사한 수준이었지만, 현재는 무려 5배에서 10배에 달합니다. 이는 사회 시스템이 근본적으로 무너지고 있다는 또 하나의 징후라 할 수 있습니다.

공화당은 이 시기 동안 사실상 정상적인 의회 정당으로서의 외형을 거의 포기했으며, 이는 오랫동안 미국 정치를 분석해 온 전문가들마저 놀라게 했습니다. 미국기업연구소AEI의 토머스 만과 노먼 오른스타인은 이 전통적 정당을 '급진적 반란 세력'으로 규정하며, 공화당이 의회 민주주의의 절차적 규범을 스스로 저버렸다고 비판했습니다.

런던 《파이낸셜 타임스》의 베테랑 정치 분석가 에드워드 루스Edward Luce는 한층 더 강도 높은 평가를 내놓았습니다. 그는 "나는 내 직업을 통해 전 세계의 극단주의와 폭력적 이념들을 직접 취재해 왔다. 그러나 오늘날의 공화당만큼 허무주의적이고 위험하며 경멸스러운 정치 세력은 본 적이 없다. 비교할 대상조차 없다."라고 단언했습니다. 이 발언은 전 CIA 국장 마이클 헤이든의 지지를 받았습니다. 만과 오른스타인은 공화당의 급격한 쇠퇴는 뉴트 깅그리치가 당을 권력 유지를 위한 수단으로 무기화한 데서 비롯되었다고 분석합니다. 깅그리치는 공화당을 어떤 수단을 써서라도 권력을 장악하기 위한 도구로 바꾸었고, 이 흐름은 미치 매코널Mitch McConnell 체제하에서 더욱 가속화되었습니다. 그들은 이러한 의도를 거의 숨기려 하지도 않았습니다.

버락 오바마의 대통령 당선은 이 흐름에 새로운 먹잇감을 제공했습니다. 백인 우월주의 세력은 이를 계기로 '문화적 이슈'로 관심을 돌리면서 '거대 대체'에 대한 불안을 자극하는 선전 캠페인을 펼쳤고 오바마의 존재는 그 핵심 도구로 활용되었습니다. 한때는 진정한 정치 정당이었던 공화당의 잔재가 오늘날 어떤 모습으로 남아 있는지를 보면 실로 놀랍습니다. 이제는 사실상 의회 의원의 자격 조건이 미치 매코널의 지시에 따라 반대표를 던지고, 때때로 마러라고에 들러 도널드 트럼프의 환심을 사는 일로 축소된 듯 보입니다.

트럼프에 대한 맹목적인 지지가 정점에 달했던 시기, 공화당의 대중 기반도 뚜렷한 변화를 겪었습니다. 2020년 대선 결과가 조작되었다고 믿는 공화당 지지자가 전체의 약 70%에 달했고, 그중 3분의 2는 '미국의 인구통계학적 변화는 진보 성향의 엘리트가 보수적인 백인 유권자를 대체해 정치적 영향력을 확대하려는 의도적인 시도'라는 견해에 동의했습니다. 이는 불과

얼마 전까지만 해도 신나치 주변의 극우 소수 집단에서만 유포되던 '대체 이론'이라는 음모론입니다. 더욱 우려스러운 점은 공화당 지지자의 약 절반이 '민주당 주요 인사들이 아동을 대상으로 한 엘리트 성 착취 네트워크에 연루돼 있다'는 주장 역시 사실이라고 믿고 있다는 점입니다.

이처럼 현실과는 동떨어진 믿음들이 점점 더 광범위하게 퍼져나가고 있는 상황입니다. 현재 가장 우려스러운 현상 가운데 하나는 기후 변화에 대한 공화당의 전면적 '무관심'입니다. 이는 2009년, 코크 형제의 로비를 계기로 시작된 당 차원의 조직적인 기후 변화 부정 전략의 결과입니다. 당시 공화당 내부에 잠시나마 이성적인 논의의 기미가 보이기도 했지만 곧 사라졌고, 지도부는 정치적 이득을 위해 과학적 사실조차 외면하는 태도를 드러냈습니다. 이러한 상황에서 공화당이 다시 정권을 잡게 되고, 그들의 반민주적 전술이 효과를 발휘한다면, 비록 소수파에 불과하더라도 정권을 장기적으로 유지할 가능성이 생깁니다. 여기에 심각하게 반동적인 성향의 대법원이 그들을 뒷받침하게 된다면, 그런 미래는 결코 상상 속의 일이 아니라 현실이 될 수 있습니다.

그런 미래가 현실이 된다면 이후 어떤 일이 벌어질지는 이미 충분히 예측 가능합니다. 도널드 트럼프는 자신이 자주 외쳐 온 '워싱턴의 늪을 말리겠다'는 구호 아래 정부의 중립성과 전문성을 지탱해 온 공무원 조직을 해체하고, 정권에 충성하는 인물들로 채우겠다는 속내를 숨기지 않았습니다. 이는 곧 민주주의의 기반 자체를 흔드는 일입니다.

최근 부다페스트와 댈러스에서 열린 회의에서 공화당의 핵심 세력인 보수정치행동회의CPAC는 국제 보수 진영의 중심축처럼 자리 잡았습니다. 그들의 방향성은 이제 분명해졌습니다. 헝가리 총리 빅토르 오르반의 인종주의적이며 기독교 민족주의적이고, 반자유주의적인 체제가 그들의 명백한 롤모델이 된 것입니다. 이 체제는 '이상적인 보수 국가'로 찬양받고 있으며, CPAC는 이를 미국 정치의 미래상으로 삼고자 합니다.

이러한 흐름은 결국 트럼프식 세계 전략, 즉 전 세계 반동 정권들과의 동맹 구축으로 이어질 가능성이 큽니다. 그리고 그 와중에 세계는 기후 재앙을 향해 직진할 것이고, 화석연료 산업과 금융 자본은 이 속에서 막대한 이익을 얻겠지만, 나머지 인류는 그 대가로 파국을 감수해야 할지도 모릅니다.

한발 물러서서 보면, 미국의 정당은 본질적으로 후보자를 선출하는 조직일 뿐이며, 시민이 자발적으로 참여할 여지는 거의 없습니다. 대중의 정치 참여는 대부분 몇 년에 한 번 투표를 하는 것으로 제한되죠. 현재 진행 중인 예비선거만 보아도 이러한 구조는 분명히 드러납니다. 후보자는 특정 마을에 찾아와 행사를 열고 이렇게 말합니다. "여러분을 위해 제가 무엇을 해 드릴 수 있을지 말씀드리겠습니다." 몇몇 사람은 그 말을 믿을 수도 있겠지요. 이후 사람들은 각자 집으로 돌아가 누구에게 투표할지를 결정합니다.

이제 우리가 진정한 민주주의 사회에 살고 있다고 가정해 봅시다. 마을 주민들이 모여 다가오는 선거에서 어떤 의제가 가장 중요한지 함께 논의하고 우선순위를 정하는 모습을 떠올릴 수 있겠죠. 그리고 자신들의 요구를 전달하기 위해 출마 후보자 중 한 사람을 마을 회의에 초청할 수도 있습니다. 후보자는 주민들의 의견을 직접 듣고, 그것을 수용할지를 결정하겠죠. 그리고 그 요구를 수용하는지가 후보 선택의 중요한 기준이 될 수도 있을 것입니다.

민주주의를 향한 한층 진지한 한 걸음은 좁은 의미의 정치 영역을 넘어서려는 시도에서 시작됩니다. 그러나 오늘날의 현실에서는 그런 변화조차도 기대하기 어려운 상황입니다. 그럼에도 다른 나라들과 비교할 때 미국은 여전히 매우 자유로운 사회이며, 의미 있는 변화가 실현 가능한 범위 안에 놓여 있습니다. 문제는 그 가능성이 사람들의 인식 속에 분명하게 자리 잡고, 실제 행동으로 이어져야 한다는 점입니다.

우리는 지금 말 그대로 생존의 갈림길에 서 있다는 사실을 결코 잊어서는 안 됩니다.

C. J. 폴리크로니우

|||| 공화당은 문화적 이슈에 관해서 민주당보다 훨씬 더 결집된 목소리를 내는 것처럼 보입니다. 말씀하신 것처럼, 그렇다면 그들이 다시 집권하기 위해 문화 전쟁에 그토록 집착하는 이유일까요?

── **노엄 촘스키**

|||| 공화당은 1970년대 초, 당내에 남아 있던 진보적인 세력을 몰아내고, 루이스 파월과 밀턴 프리드먼이 주도한 신자유주의 노선을 받아들이면서부터 구조적인 딜레마에 빠지기 시작했습니다. 이 흐름은 로널드 레이건 집권을 계기로 본격적인 권력 장악으로 이어졌죠. 그런데 한 가지 근본적인 문제가 있었습니다. 어느 후보자가 유권자들에게 "여러분을 철저히 착취하고 복지 제도를 다 없애 버릴 테니 저를 뽑아 주세요!"라고 말할 수 있겠습니까? 트럼프처럼 정치적으로 능수능란한 인물조차 그런 방식으로 접근하지는 못하죠. 그래서 그는 한 손에는 "나는 여러분을 사랑합니다!"라는 현수막을 들고 포즈를 취하면서 다른 손으로는 실제 입법 활동을 통해 유권자들의 등을 찌르는 식으로 행동하는 것입니다.

공화당의 해법은 간단합니다. 정책을 논의하기보다는 문화 전쟁을 일으켜 사람들의 시선을 다른 데로 돌리는 것이죠. 그리고 어떤 이슈가 표적 유권자층에 효과적인지도 이미 잘 파악

하고 있습니다. 예컨대, 백인 우월주의, 기독교 민족주의, 낙태 금지, 총기 애호, 그리고 백인 아이들이 불편해할 수 있다는 이유로 역사나 생물학을 가르치는 공립학교를 없애자는 주장 등이 그렇습니다. 심지어 공교육 자체를 폐지해야 한다고 주장하는데, 이는 공교육이 성도착자들과 마르크스주의자들에 의해 운영된다고 믿기 때문입니다.

앞으로 이들이 어떤 터무니없는 주장을 내놓을지는 예측조차 어렵습니다. 요즘 이런 주장을 생각해내는 역할은 거의 큐어넌QAnon이 하고 있고, 이제는 공화당의 아이디어 뱅크처럼 되어버렸습니다. 사람들의 감정을 자극할 아이디어는 애써 새로 만들어 낼 필요조차 없습니다. '미국의 전통'이라는 이름 아래 이미 충분히 쌓여 있기 때문이죠.

보수 성향의 연방 대법관들도 이 점을 잘 알고 있습니다. 존 로버츠 대법원이 대표적이고, 새뮤얼 앨리토 대법관은 '로 대 웨이드' 판결을 뒤집으며 '미국의 역사와 전통 속에는 여성의 권리를 지지할 근거가 거의 없다'고 말했습니다. 실제로 미국의 건국자들이나 수정 헌법 제14조를 작성한 이들은 여성의 권리에 거의 관심을 두지 않았습니다. 오늘날 사법부가 채택한 이 편리한 형태의 '원전주의'는 '로 대 웨이드' 판결을 '명백히 잘못된' 것이라 단언하지만, 그것을 부정할 정당한 근거는 제시하지 못합니다.

다른 많은 사안도 마찬가지입니다. 제가 75년 전 아이비리그 대학에 다녔을 때, 진화론이 언급되는 수업은 대개 "이걸 믿을 필요는 없지만, 어떤 사람들이 이런 식으로 생각한다는 건 알아야 한다."라고 시작되곤 했습니다. 과학의 진전을 바라는 사람들에게 최근 여론조사는 다소 희망적인 신호로 보였을지 모르지만, 실제 결과는 훨씬 더 복합적인 양상을 드러냅니다. 친과학 단체인 '미국의 길 재단'이 의뢰한 가장 상세한 조사에 따르면, "진화를 지지하는 미국인들 가운데 단 20%만이 학교에서 오직 진화만을 가르쳐야 하며, 창조론은 언급하지 말아야 한다."라고 응답했습니다. 하지만 이 조사에서 사용된 '진화' 혹은 '진화 이론'이라는 표현은 많은 사람이 종교적 해석과 결합해 받아들이고 있었습니다. 이에 대해 재단 대표 랄프 니스는 "간단히 말해, 이 여론조사는 대부분의 미국인이 '신이 진화를 창조했다'고 믿고 있음을 보여 줍니다."라고 설명했습니다.

이 점을 포함해 여러 측면에서 미국은 여전히 전근대적인 요소를 다수 간직한 사회로 남아 있습니다. 그리고 정교하게 기획된 '문화 전쟁'에 쉽게 휘말리는 경향도 뚜렷합니다. 앞으로 이러한 성향은 더욱 심화할 가능성이 큽니다. 공화당이 어린이들이 어떤 책을 읽을 수 있는지, 도서관이 어떤 책을 구입할 수 있는지를 제한하려는 전체주의적 시도를 계속하고 있기 때문입니다. 이런 법들은 적용 범위가 제한적이라 해도 사회 전반에 위축 효과를 초래합니다.

지적 자유를 억압하려는 이러한 시도들은 헌법의 설립 조항인 정교분리 원칙을 약화하고 종교적 교리를 따르도록 강제한 최근의 판결들에서 드러나듯이 현 연방대법원의 중세적 성향에 의해 더욱 강화될 가능성이 큽니다. 이러한 판결들은 종교인이 세속 사회 속에서 박해받는 집단이며, 사회가 종교의 자유를 존중하는 법을 배워야 한다는 새뮤얼 앨리토 대법관의 인식을 사실상 수용한 것입니다. 어쩌면 종교인들 또한 앨리토 대법관의 주장처럼 자신들이 세속 사회에서 박해받고 있다고 믿는 것일지도 모릅니다. 마치 과거 루이스 파월 대법관의 생생한 상상 속에서 미국 사회의 기업계가 박해받는 존재로 간주했던 것처럼 말이죠.

공교육을 철폐하려는 시도는 사람들을 고립시키고 사회적 유대를 해체하려는 신자유주의의 광범위한 전략 중에서도 가장 핵심적인 축에 속합니다. 이로 인해 민주주의 발전에 크게 기여해 온 미국의 대중 공교육 시스템은 심각한 타격을 입게 되었죠. 그러나 문제는 단지 교육에만 국한되지 않습니다. 공립학교는 공동선을 위한 시민적 참여의 공간을 형성하며, 건강한 민주사회의 토대를 가능하게 합니다. 그렇기 때문에 계급전쟁을 벌이는 세력이 원하는 방향은 필연적으로 그 정반대일 수밖에 없습니다.

공공기관을 해체하는 데 가장 효과적인 수법은 예산을 삭감하는 것입니다. 기능은 점차 마비되고, 국민의 불만은 커지며, 결국 '민영화'라는 이름 아래 책임 없는 사적 권력이 그 기관을 장악하게 됩니다. 더욱 아이러니한 것은 이 전 과정을 두고 그들이 '기관을 국민에게 되돌려주는 것'이라고 말한다는 점입니다. 예산 삭감은 교사들의 임금에도 직접적인 영향을 미칩니다. 이 문제를 지속적으로 추적해 온 경제정책연구소는 '2021년, 교사들이 다른 학사 학위 이상 전문직 종사자들에 비해 임금 격차가 사상 최대치인 23.5%에 달했다'고 보고했습니다. 이처럼 교사들이 감당해야 하는 경제적 불이익은 대학생들의 교직 진입 의지를 꺾는 동시에, 현직 교사들조차 교실에 남아 있도록 만드는 데 큰 걸림돌이 되고 있습니다.

이 문제는 더 이상 가볍게 넘길 수 있는 수준이 아닙니다. 미국 노동통계국에 따르면, 2020년 2월부터 2022년 5월 사이에 약 30만 명의 공립학교 교사 및 직원이 교육 현장을 떠났습니다. 전국교육협회의 설문조사에 따르면, 무려 55%의 교직자들이 조기 퇴직이나 직업 전환을 고려하고 있다고 답했습니다. 그만큼 상황은 심각합니다. 교사들과 교육위원회를 괴롭히는 것 역시 이 직업을 견딜 수 없게 만들고, 장기적으로는 공교육을 폐지하려는 목표에 일조하고 있습니다. 이는 대중을 더욱 고립시키고 무지하게 만들어 궁극적으로는 통제와 '청소년 세

뇌'에 더 쉽게 노출되도록 하려는 의도이며, 나아가 민주주의 위기가 재발할 우려를 줄이려는 계산이 깔린 것이죠.

한편, 민주당 내 좌파 진영 역시 공화당의 '문화 전쟁' 전략에 일정 부분 기여하고 있습니다. 계급 문제, 노동자 권리, 사회·경제적 의제들은 뒷전으로 밀려나고, 정체성과 관련된 이슈들이 정치 담론의 중심으로 떠올랐기 때문입니다. 물론 이러한 이슈들 역시 고유한 중요성을 지니고 있지만, 전통적인 좌파 의제가 밀려난 현실, 그리고 정당한 문제 제기가 때때로 어떤 방식으로 표출되는지가 대중에게 미치는 영향을 간과해서는 안 됩니다.

C. J. 폴리크로니우

||||| 최근 들어 공화당과 대기업 사이의 오랜 관계에 문화적·사회적 이슈를 둘러싸고 깊은 균열이 생기고 있는 것처럼 보입니다. 이들이 실제로 결별하는 모습을 보게 될 가능성은 얼마나 될까요? 그리고 만약 그런 일이 일어난다면, 정치적으로 어떤 파장이 있을까요?

── **노엄 촘스키**

||||| 제 생각에는 그럴 가능성은 그리 크지 않습니다. 저는 이른바 '인류의 지배자들'이 자신들의 이해관계가 어디에 있는지를 매우 잘 알고 있으며, 실제 정책으로 이어질 가능성이 없는 수

사[修辭]는 대체로 무시한 채, 두 정당 내의 친기업 세력을 지속적으로 지지할 것이라고 봅니다. 특히 이러한 지원은 대법원의 '버클리 대 발레오' 및 '시민 연합 대 연방선거위원회' 판결처럼 선거 자금 사용에 거의 제한이 없는 현행 제도 아래에서 더욱 강화될 수 있습니다. 이는 권력층이 자신들의 이익이 '가장 특별하게 고려되도록' 보장하는 여러 수단 중 하나입니다.

C. J. 폴리크로니우

||||| 지난 40여 년 동안 미국에서는 계급 전쟁이 벌어져 왔지만, 실질적으로는 일방적인 싸움에 가까웠습니다. 그런데 최근 몇 년 사이의 정치적 흐름 속에서 이 싸움이 더 이상 일방적인 것이 아님을 보여주는 여러 움직임이 나타나고 있습니다. 미국 내 계급 정치의 이러한 전반적인 변화에 대한 평가에 동의하십니까?

— **노엄 촘스키**

||||| 사회 계급 간 갈등은 지금도 지속되고 있지만, 그 강도와 균형은 시대적 조건에 따라 변화해 왔습니다. 역사적으로 미국은 계급 구분이 뚜렷하고, 예외적으로 강력한 기업 세력이 자리를 잡아 온 국가입니다. 이러한 구조는 미국 노동운동의 과격성과 그에 대한 폭력적 탄압, 그리고 다른 선진국들에 비해 현저히 열악한 사회복지 체계를 설명하는 핵심 요인이기도 합

니다. 대공황 이후 프랭클린 D. 루스벨트 대통령의 뉴딜 정책은 이 흐름에 일시적인 균형을 가져왔고, 그 영향력은 1970년대 전환기까지 이어졌습니다. 그러나 이후 사회 계층 간의 대립 구도는 다시금 격화되기 시작했죠.

최근 들어 버니 샌더스Bernie Sanders의 영향력 있는 활동과 풀뿌리 대중 조직들의 부상으로 인해, 북유럽식 복지국가 모델에 대한 공감대가 확산되고 있습니다. 이 같은 흐름은 신자유주의적 계급 전쟁의 잔혹성을 어느 정도 완화하는 데 기여했습니다. 하지만 아직 뚜렷한 돌파구가 마련되었다고 보기는 어렵습니다. 대부분의 문명사회에서는 기본으로 여겨지는 보편적 의료제도조차 미국에서는 기업계의 지속적인 압력에 가로막혀 실현되지 못하고 있기 때문입니다.

이러한 압력은 때로 놀라운 수준에 이르기도 합니다. 한 예로, 현재 공화당이 운영하는 주에서는 화석연료 투자를 줄임으로써 인류 사회를 파괴로부터 구하려는 은행들을 처벌하는 법안을 추진하고 있습니다. 이처럼 완전히 광기에 빠진 자본주의에 대해 적절한 말을 찾기가 어려울 정도입니다. 물론 마지못해서이긴 해도 기업계 일부에서는 대중의 생존 우려를 반영해 몇 가지 조치를 취하고 있기도 합니다. 그럼에도 저는 이러한 변화가 오랫동안 자신들에게 충실히 봉사해 온 정치 조직들과 지배 계층 사이에 근본적인 결별을 가져올 만큼 충분하다고는 보지 않습니다.

C. J. 폴리크로니우

▐▐▐▐ 바이든 대통령이 서명한 슈머-맨친 조정 법안, 즉 인플레이션 감축법은 민주당이 집권한 상황에서도 양당제 체제에서는 변혁적인 정책을 추진하기가 극도로 어렵다는 사실을 다시금 확인시켜 주었습니다. 설령 그것이 인류의 미래가 달린 문제일지라도 말이죠.

한편, 미국은 여전히 여러 면에서 보수적인 국가로 남아 있으며, 민주당은 중도적 입장을 취하지 않고는 정치적으로 생존하기 어렵다고 믿고 있습니다. 이러한 정치적 상황과 인플레이션 감축법의 연관성에 대해 어떤 의견인지요?

— 노엄 촘스키

▐▐▐▐ 저는 오래전부터 미국이 사실상 하나의 정당 국가라고 생각해 왔습니다. 다시 말해, '비즈니스 정당'이 존재하고, 그 안에 민주당과 공화당이라는 두 개의 파벌이 있을 뿐이라는 것이죠. 그런데 이제는 그 파벌조차 하나만 남았다고 볼 수 있습니다. 바로 민주당입니다. 공화당은 더 이상 진정한 의미에서 의회 정당이라 부르기도 어렵습니다.

이 점은 미치 매코널의 지도 아래 특히 분명히 드러났습니다. 버락 오바마가 대통령으로 취임했을 당시, 매코널은 자신의 최우선 목표가 오바마가 실질적인 성과를 내지 못하게 막아 공화당이 정권을 되찾도록 하는 것이라고 공개적으로 밝혔습니다. 조 바이든이 대통령에 당선되었을 때, 그는 그 입장을 더욱 강하게 반복했고, 실제로 그 약속을 지켜 왔습니다. 거의 모든 사안에 대해 공화당은 100% 반대 입장을 고수해 왔습니다. 심지어 그 법안이 국민 다수에게 유익하고 대중적으로 인기가 있는 경우에도 마찬가지였습니다. 여기에 일부 우파 성향의 민주당 의원들이 공화당의 단결된 반대에 동조하면서 바이든의 정책 플랫폼은 심각하게 축소될 수밖에 없었습니다.

물론 바이든이 더 많은 일을 해야 했다는 비판이 있을 수는 있습니다. 하지만 그가 지금 받는 비난 가운데 상당수는 부당하다고 생각합니다. 그가 추진했던 정책들은 실질적으로 매우 필요하고, 사회적으로도 건설적인 내용들이었습니다. 바이든의 기후 정책은 부족한 점이 있었지만, 이전 어떤 정부의 정책보다 나은 것이었고 만약 그것이 온전히 통과되었다면 더 진전된 조치를 위한 중요한 디딤돌이 되었을 겁니다.

미국의 선거 제도 전반에 여러 문제가 있다는 점은 오래전부터 지적되어 왔습니다. 그러나 이번 경우에 한해서 본다면, 바이든 대통령에게는 선택의 여지가 많지 않았던 것으로 보입니다. 결국 인플레이션 감축법은 조 맨친의 동의를 가까스로 이끌어 내면서 통과되었고, 그는 그 대가로 자신에게 유리한 조건을 충분히 챙긴 뒤 쾌재를 불렀습니다. 커스틴 시네마 역시 대체로 약탈적 성격을 띠는 사모펀드 산업의 이익을 옹호하는 방식으로 자기 목소리를 보탰습니다. 물론 이 법안에도 긍정적인 측면은 있습니다. 아무것도 하지 않는 것보다는 훨씬 낫고, 일부 신뢰할 만한 전문가들은 이 법안이 생각보다 훨씬 더 의미 있는 전환점이 될 수 있다고 평가합니다.

현재의 정치 상황은 혼란스럽고, 겉으로 보이기에도 심각합니다. 만약 오는 11월 선거에서 공화당이 권력을 장악하게 된다면, 상황은 지금보다 훨씬 더 악화될 가능성이 큽니다. 그리고 그 악화의 수준은 말 그대로 인간의 생존 자체를 위협할 정도가 될 수도 있습니다. '사려 깊은 사람이라면 누구도 의문을 제기할 수 없는' 일이지요. 존경받는 루이스 파월 대법관의 표현을 빌리자면 말입니다.

* 노엄 촘스키 *

극단의 시대, 당신의 선택은 무엇인가

2022년 11월 07일

C. J. 폴리크로니우

미국 정치 체제에서 독특한 요소 중 하나가 바로 중간선거입니다. 일반적으로 중간선거에서는 상원의 약 3분의 1과 하원의 전체 435석이 새로 선출됩니다. 중간선거는 대체로 현직 대통령의 국정 운영에 대한 평가 성격을 띠지만, 대선에 비해 투표율이 낮고 거의 언제나 집권당에 불리한 결과를 가져오는 경향이 있습니다. 그런데 이번 11월 8일에 실시될 중간선거는 미국뿐만 아니라 전 세계가 최근 들어 가장 중요한 선거로 평가하고 있습니다. 이 평가에 대해 동의하시나요? 그렇다면 그 이유는 무엇이라고 보시나요?

─ 노엄 촘스키

▎요즘은 선거 때마다 '이번이 가장 중요한 선거'라는 말이 반복되고 있습니다. 그런데 이번만큼은 그 말이 실제로 현실이 될 가능성이 큽니다. 정치 분석가 존 니콜스John Nichols는 "이번 선거는 미국이 민주주의 국가로서 제 기능을 할 수 있는 마지막 선거가 될지도 모른다."라고 표현했습니다. 니콜스의 주장은 결코 과장이 아닙니다. 공화당이 초부유층과 대기업의 이익을 위해 소수 정당으로서의 영구 집권을 꾀해 온 계획은 더 이상 새삼스러울 필요가 없지요. 물론 지금, 이 순간에도 미국이 제대로 된 민주주의 국가인가에 대해서는 논란의 여지가 있을 수 있습니다.

그러나 도널드 트럼프의 공화당이 공개적으로 이상향으로 삼고 있는 '비자유주의적 민주주의'(헝가리식 오르반 체제)로의 전락은 단순한 정치적 변화가 아니라 질적으로 완전히 다른 세계로의 전환을 의미합니다. 이는 미국을 더 어두운 길로 이끌 뿐 아니라, 전 세계적으로 확산 중인 불길한 파시즘 물결을 더욱 가속화할 것입니다. 공화당은 초부유층의 이익을 철저히 대변하면서도 동시에 '서민의 정당'이라는 가면을 쓰는 이중 전략을 펼쳐 왔고, 지금도 그것은 꽤 효과를 거두고 있습니다. 《뉴욕타임스》는 다음과 같이 보도했습니다.

> "억만장자 계층이 점점 더 늘어나는 가운데, 2022년 중간선거에서 주 및 연방 차원의 정치 자금 지출이 사상 최고치를 기록할 것으로 보인다. 특히 이 중 상당 부분은 거의 규제를 받지 않는 특별 정치활동위원회인 슈퍼팩Super PAC을 통해 이루어지고 있으며, 이 자금의 상당수를 공화당의 초대형 후원자들이 제공하고 있다."

민주주의의 운명이 위협받고 있음은 분명하지만, 이번 선거에 걸려 있는 문제들은 그보다도 훨씬 더 중대한 차원에 놓여 있습니다. 중간선거가 다가오면서 여러 매체는 이러한 심각성을 보여 주는 강력한 경고를 내놓고 있습니다.

10월 26일, 세계기상기구WMO는 새로운 연구 결과를 발표하며 "1990년부터 2021년까지 온난화로 인한 기후 영향, 즉 '복사 강제력'이 약 50% 증가했다."라고 밝혔습니다. 이는 사상 최고치를 기록한 수치이며, '이 증가의 약 80%는 이산화탄소 배출 때문'이라고 설명했습니다. 국제에너지기구IEA 역시 재앙을 막을 방법은 존재하며 일부 조치들이 실제로 실행되고 있긴 하지만, '더 깨끗한 에너지원으로의 전환 속도가 여전히 지구 온난화를 막기에는 충분하지 않다'고 경고했습니다. 이어서 '각국 정부는 앞으로 몇 년 동안 지구를 더욱 뜨겁게 만드는 이산화탄소 배출량을 줄이기 위해 훨씬 더 강력한 조치가 필요하다'

고 덧붙였습니다.

다음 날인 10월 27일, 미국 국방성은 2022년 전략 검토 보고서를 발표했으며, 여기에 포함된 새로운 핵 정책은 군비통제협회Arms Control Association가 '미국의 존재에 대한 위협을 억제하기 위한 본래의 핵무기 임무를 상당히 확장한 것'이라고 평가했습니다. 본래의 임무는 적어도 형식적으로는 자국의 생존을 위협하는 공격을 억제하는 데 핵무기를 사용하는 것이었습니다. 이는 모든 핵보유국이 공유하는 기본 원칙이며 블라디미르 푸틴 또한 우크라이나 일부 지역을 합병하기 전, 해당 원칙을 다시금 강조한 바 있습니다.

이러한 핵 정책의 확장은 미국 내에서도 심각한 우려를 불러일으켰습니다. 만약 이 원래의 핵무기 임무가 확대되어 미국 본토, 해외 주둔 미군, 동맹국에 대한 핵무기가 아닌 다른 형태의 중대한 위협에 대해서도 핵무기로 대응할 수 있도록 공식화된다면, 이는 국제 안보 질서에 있어 중대한 변화를 의미합니다. 이러한 '중대한 확장' 개념은 미국 전략사령부 사령관 찰스 리처드제독에 의해 분명히 설명되었습니다.

그는 새로운 전략에 따르면, 핵무기는 미국이 자국의 전통적 군사력을 원하는 방식으로 배치하고 사용할 수 있도록 전략적 여유를 확보해 주는 수단이라고 밝혔습니다. 이어 그는 핵무기가 모든 국가를 항상 억제함으로써 미국의 행동에 외부 세력이 간섭하지 못하도록 만든다고 설명했습니다. 즉, 핵 억제력은 전 세계에서 수행되는 전통적인 군사 작전의 일종의 '보호막' 역할을 한다는 것입니다. 이는 명백히 국제적으로 합의된 기존의 핵무기 운용 원칙과 그 본래 임무를 훨씬 넘어서는 확장이라 할 수 있습니다. 자세히 들여다보면, 미국의 핵무기 사용에 관한 입장은 단지 원칙을 '확장'하는 수준을 넘어 오랜 시간에 걸쳐 사실상 그 한계를 초월해 온 것임을 알 수 있습니다.

언론은 이 새로운 원칙이 별다른 변화가 아니라고 평가했습니다. 겉보기에는 맞는 말일지도 모릅니다. 하지만 그것은 단지 그들이 그 이면을 제대로 알지 못하기 때문입니다. 전략사령부 사령관 찰스 리처드의 설명대로라면, 이른바 '중대한 확장'은 사실상 이미 1995년부터 미국의 핵전략의 핵심축이었습니다. 빌 클린턴 행정부 시절부터 미국의 핵무기는 언제든 사용 가능한 상태로 유지되어야 했습니다. 왜냐하면 핵무기는 전통적인 군사 행동 전체에 '그림자'를 드리움으로써 다른 나라들이 미국의 행동에 간섭하지 못하게 막는 효과가 있기 때문이었죠. 다니엘 엘스버그Daniel Ellsberg의 비유를 빌리자면, 이는 '총을 쏘지 않아도 강도의 강도 행위에 총이 사용되는 것처럼, 핵무기는 실제로 발사되지 않더라도 항상 사용되고 있는 것'이라는 의미입니다.

실제로 1995년의 전략사령부 내부 문서는 미국이 세계에 '이

성적이지 않고, 보복적이며, 때때로 통제 불가능한 국가'처럼 보일 필요가 있다고 명시하고 있습니다. 이는 미국의 이해관계에 도전하려는 국가들에 공포심을 주기 위한 전략이죠.

이러한 발상은 클린턴 정부의 핵심 정책 원칙, 즉 '핵심 시장과 에너지, 자원에 자유롭게 접근하기 위해, 가능하다면 동맹과 함께 필요하다면 단독으로라도 무력을 사용할 준비가 되어 있어야 한다'는 원칙 속에 뿌리내리고 있었습니다.

사실 '새로운 원칙'이라는 것도 그다지 새로운 건 아닙니다. 하지만 대부분의 미국인은 이 사실을 알지 못하죠. 이는 검열 때문이라기보다 관련 문서들이 수십 년 전부터 공개되어 있었음에도 주변부에서만 다뤄졌기 때문입니다. 저는 아직 유럽에서 점점 고조되고 있는 핵전쟁 위협에 대해서는 언급하지 않았는데요. 이는 매우 중대한 사안임에도 불구하고 시급하게 다뤄지지 않고 있습니다.

그렇다면 지금 선거 국면에서 우리가 직면한 이처럼 중대한 문제들은 어떤 식으로 논의되고 있을까요? 아무도 언급하지 않죠. 이는 민주주의가 실제로 어떻게 작동하고 있는지를 보여주는 또 하나의 사례라고 할 수 있습니다.

C. J. 폴리크로니우

미국 대법원이 '로 대 웨이드' 판결을 뒤집은 결정이 중간선거에 영향을 미칠 수 있다는 분석이 전문가들 사이에서 나오고 있습니다. 이 결정으로 인해 양당 모두 지지층의 투표율이 높아질 가능성이 있다는 것이죠. 그런데 왜 문화적 이슈가 이토록 미국 정치에서 중요한 논쟁거리가 된 걸까요? 그리고 경제 상황은 이번 선거에 어떤 영향을 줄 것으로 보십니까?

─ 노엄 촘스키

사람들의 경제 인식은 분명 선거 결과에 영향을 줄 겁니다. 여론조사에 따르면, 경제 특히 물가 상승이 유권자들이 꼽는 가장 중요한 이슈이며, 이는 공화당에 유리하게 작용할 수 있는 요인 중 하나입니다. 하지만 실제 경제 상황과 사람들이 느끼는 경제 상황 사이에는 괴리가 있습니다. 물가 상승은 흔히 바이든 대통령의 책임으로 돌려지지만, 이는 여러 측면에서 문제가 있는 해석입니다. 우선, 인플레이션은 전 세계적으로 발생하고 있으므로 이를 바이든 대통령 개인의 책임으로 돌릴 수는 없습니다. 팬데믹으로 인한 공급망 혼란 등이 주요 원인으로 지목되고 있죠. 그러나 거의 주목받지 못한 중요한 요인이 하나 있습니다. 바로 '기업의 이윤 마진 확대가 물가 상승의 약 40%를 차지했다'라는 사실입니다.

이러한 주장은 경제 전문 매체에서도 확인되고 있습니다. 정치 매체 《더 힐The Hill》에 따르면, 《파이낸셜 타임스》와의 인터뷰에서 UBS 글로벌 자산관리 수석 이코노미스트 폴 도너번은 '현재의 물가 상승은 임금보다는 기업의 이윤 확대에 기인한 것'이라고 지적했습니다. 일반적으로 기업은 원자재나 유통 비용이 오르면 그만큼 제품 가격을 인상해 소비자에게 부담을 전가합니다. 하지만 도너번은 많은 기업이 이 기회를 활용해 단순한 비용 전가를 넘어 이윤 자체를 더 늘리기 위해 가격을 추가로 인상하고 있다고 설명합니다. 결국 물가 상승이 단순한 원가 인상을 넘어 과도하게 확대된 이유는 임금 인상으로 인한 부담 때문이 아니라 기업들이 기회를 틈타 수익을 극대화하려 했기 때문이라는 것이죠.

이러한 관행은 레이건 행정부 시절부터 본격화되었습니다. 경제학 학술지 《쿼털리 저널 오브 이코노믹스Quarterly Journal of Economics》에 실린 연구에 따르면, 1980년 이후 미국 기업의 평균 이익률은 1%에서 8%로 상승했으며, 같은 기간 가격 마진도 21%에서 61%로 크게 확대되었습니다. 이러한 사실을 고려할 때 물가 상승을 억제하기 위한 여러 대안이 떠오릅니다. 그러나 미국 중앙은행은 다른 접근을 택하고 있습니다. 바로 금리 인상입니다. 이는 결국 실업률을 높이는 결과로 이어질 수 있습니다. 이러한 선택은 언론의 전폭적인 지지를 받고 있습니다. 일반 언론 보도에서도 그러하며, 11월 2일 제롬 파월 연준 의장이 기자회견에서 보여 준 태도에서도 분명히 드러났죠.

대안 매체 《커먼드림즈Common Dreams》에 따르면, 파월 의장이 또다시 대폭적인 금리 인상 결정을 발표한 뒤 40분 동안 기자들의 질문을 받았지만, 기업들이 가격 결정력을 앞세워 이익을 극대화하고 있는 상황에서조차 기록적인 기업 이윤이 인플레이션을 부추기고 있다는 점에 대해 질문한 기자는 단 한 명도 없었다고 합니다. 결국 '일하는 사람들이 그 부담을 지는 것이 가장 바람직하다'는 오래된 통념이 여전히 지배적이라는 사실이 드러난 셈입니다.

인플레이션에 대한 연준의 기존 접근 방식을 바꿔야 한다고 주장하는 저명인사들도 있지만, 그들의 목소리는 좀처럼 주목받지 못하고 있습니다. 경제에 대한 실제와 생각이 다르다는 문제로 다시 돌아가 보면, 경제학자 딘 베이커Dean Baker는 진보적 언론이 어떻게 '바이든을 탓하라'는 메시지를 강화하는 이야기를 만들어 내고 있는지 지적합니다. 그는 "전례 없는 속도로 일자리가 창출되고, 실업률은 50년 만에 최저치를 기록했으며, 저소득층 근로자들의 실질 임금이 상승하고, 건강보험 미가입자 수가 크게 줄었습니다. 또한 수천만 명의 주택 소유자들이 모기지를 재융자해 연간 수천 달러를 절약했어요."라고 말했습니다. 하지만 이러한 긍정적 성과는 언론에서 축소되거나 거의 다뤄지지 않고 있다는 것입니다.

최근 분기에 대한 언론의 비관적인 보도 역시 중요한 사실들을 간과했습니다. 바로 이 시기 미국 경제가 110만 개의 신규 일자리를 창출하며 실업률을 3.5%까지 낮췄다는 점입니다. 이는 1960년대 후반 이후 가장 낮은 수준이죠. 뿐만 아니라 실질 임금의 상승도 마찬가지로 주목받지 못했습니다. 최근 3개월 간 평균 시간당 임금은 1.1% 올랐는데, 같은 기간 소비자물가지수CPI가 0.4% 상승한 것을 고려하면, 실질 임금은 0.7%포인트 증가한 셈입니다. 연간 기준으로 보면 실질 임금은 2.8% 상승한 것이며, 이는 어떤 기준으로 보더라도 매우 긍정적인 결과입니다.

미국 노동통계국이 발표한 10월 고용 보고서는 더욱 낙관적인 전망을 제시합니다. 브루킹스 연구소의 선임 연구원 저스틴 울퍼스Justin Wolfers는 "현재 미국 경제는 매우 견실합니다. 다른 매체에서 어떤 보도를 접하더라도, 고용 증가세는 여전히 탄탄하게 유지되고 있습니다. 실제로 지난 3개월(또는 이번 달) 동안의 일자리 증가율은 팬데믹 이전인 2000년대 대부분의 시기를 능가하는 수준입니다."라고 말했습니다. 그는 이어 이렇게 덧붙였습니다.

"이 같은 경제 지표는 평소였다면 매우 빠른 성장과 강한 고용 시장을 보여 주는 신호로 해석되었을 겁니다. 하지만 일부에서는 근거 없는 불안감을 조성하며 '경기 침체'라는 말을 쉽게 꺼내고 있죠."

하지만 지금은 평범한 시기가 아닙니다. 정보 시스템이 왜곡된 현실을 만들어 내는 상황에서는 사실 자체가 사람들의 인식을 바꾸지 못하죠. 게다가 오랜 통계를 보면, 민주당 정권하에서 경제 성과가 공화당보다 훨씬 더 좋았다는 사실이 명확하지만, 이조차도 대중의 인식에는 큰 영향을 미치지 못합니다.

《뉴욕타임스》는 이번 고용 보고서를 예상대로 부정적인 시각에서 다뤘습니다. "높은 금리에도 불구하고 10월에도 일자리 증가세는 쉽게 둔화하지 않았으며, 이는 노동시장을 안정시키고 인플레이션을 억제하려는 정책 결정자들의 계획을 더욱 어렵게 만들고 있다."라고 보도했습니다. 이어 "미국 노동자들의 임금 상승세가 여전히 가파르며, 이는 견고한 노동시장이 근로자들에게 더 높은 임금을 요구할 힘을 부여하고 있다는 의미다. 그러나 이는 연준으로서는 인플레이션 억제를 더욱 복잡하게 만드는 요인일 수 있다."라고 덧붙였습니다.

베이커는 이러한 왜곡이 체계적으로 이루어지고 있다고 지적했습니다. 사람들이 통계로 제시된 실질 임금 상승률보다는 눈앞에 보이는 가격 변화에 더 민감하게 반응하는 것은 자연스러운 일입니다. 하지만 언론이 이러한 오해를 더욱 부추기는 것은 절대 바람직하지 않죠. 인플레이션과 마찬가지로 오늘날의 정치 환경에서 '문화'가 위협 요인으로 부상한 현상은 미국에만 국한되지 않습니다. 이러한 경향은 인도, 이스라엘, 브라질, 헝가리 등 여러 사회에서 다양한 방식으로 나타나는 전 지구적 현상이며, 억압적 권위주의 운동의 대중 기반 확대와 선동적 지도자의 부상과도 밀접하게 연결돼 있습니다. 물론 각 사회에는 고유한 특성이 존재하지만, 공통으로 나타나는 흐름도 있습니다. 그중 하나는 사회 질서의 해체이며, 이는 신자유주의적 공세 속에서 지속적으로 진행돼 온 현상입니다.

그리고 이는 우연이 아닌 의도된 결과였죠. 마거릿 대처는 '사회라는 것은 존재하지 않는다'는 유명한 선언과 함께 이 흐름을 더욱 가속시켰습니다.

마거릿 대처는 이러한 주장의 제약이 부유층과 특권층에게는 적용되지 않는다는 사실을 누구보다 잘 알고 있었죠. 그들은 자신들을 보호하고 뒷받침할 각종 사회 조직과 결사체를 갖추고 있으며, 사회 전체를 사실상 소유하고 있으므로 어려움에 부닥쳤을 때조차 정부의 전폭적인 구제를 받을 수 있습니다. 반면, 그 외의 사람들은 시장에 내던져진 채, 불안정한 삶을 감수하며 고립된 개인으로 세상의 격변을 견뎌야 하죠.

대처가 말한 '사람은 자신을 먼저 돌본다'는 주장은 틀린 말이 아닙니다. 사실 250년 전 애덤 스미스도 비슷한 통찰을 전한 바 있죠. 그는 어느 시대에나 경제를 지배하는 '인류의 주인들'이 존재하며, 이들이 따르는 '추악한 신조'는 항상 같다고 말했습니다. 그리고 사회가 이 신조를 묵인하는 한, 특히 신자유주의의 공세 아래에서는 이 같은 현실이 더욱 공고해질 수밖에 없습니다.

사회적 유대가 무너지거나 인위적으로 해체될 때, 사람들은 자신에게 무언가를 제공해 줄 것처럼 보이는 대상을 쉽게 붙잡게 됩니다. 그 대상이 교회일 수도 있고, 영원한 사랑을 약속하며 접근하지만 결국에는 배신하는 선동가일 수도 있죠. '문화적 이슈' 또한 마찬가지입니다. 사람들로 하여금 실제 자신들에게 벌어지고 있는 현실에서 시선을 돌리게 만들기 때문입니다.

이런 방식은 새로운 것이 아닙니다. 미국 정치 문화에서 이 전략이 본격적으로 부상한 것은 리처드 닉슨의 '남부 전략'부터였습니다. 이는 남부의 민주당원들과 백인 우월주의자들을 끌어들이기 위해 은밀하고 교묘한 인종차별적 메시지를 활용한 것이었죠. 이후 신자유주의가 사회 질서를 무자비하게 해체하면서 이 전략은 더욱 번성하게 되었습니다.

사회 질서의 붕괴는 이제 매우 충격적인 수준에 이르렀습니다. 이를 보여 주는 어두운 징후 중 하나는 백인 노동계급의 사망률 증가입니다. 이 현상은 세계 다른 지역이나 역사적 사례들과도 뚜렷이 구분되는 독특한 양상이지요. 여론조사 결과에서도 극심한 양극화와 깊은 소외감이 드러나며, 이는 사회가 점점 무너져 가고 있음을 시사합니다.

공화당 지지자 3명 중 2명, 그리고 '매우 진보적'이라고 자신을 규정한 사람 중 절반은 '정부가 부패했고, 나 같은 평범한 사람들을 배신하고 있다'고 느낍니다. 또한 '강경 공화당 지지자'의 절반, 그리고 다른 정치 성향을 보인 사람 중 3분의 1은 '시민들이 정부에 맞서 무기를 들어야 할지도 모른다'는 주장에 동의하고 있습니다. 이와 함께 전체 미국인의 절반 가까이인 '강성 공화당 지지자' 70%와 '매우 보수적인' 이들 중 65%는 '내 나라에서 점점 이방인이 된 듯한 느낌을 받는다'고 답했습니다.

이 밖에도 비슷한 징후는 계속해서 나타나고 있습니다. 이러한 징후들은 국가가 무너져 가고 있다는 수많은 신호 중 일부에 불과합니다. 그 핵심적인 원인 중 하나는 바로 신자유주의의 공세입니다. 물론 그 영향은 다른 나라에도 미쳤지만, 미국만큼 극단적으로 드러난 곳은 드뭅니다. 그리고 바로 그 결과로 전 세계적으로 신파시즘의 부상이 본격화되고 있는 것이죠.

이러한 결과는 잘 기록되어 있습니다. 경제학자 대니 로드릭Dani Rodrik은 유럽과 미국 모두에서 세계화로 인한 노동시장 충격이 우파 포퓰리즘에 대한 지지를 높이는 데 핵심적인 역할을 했다는 강력하고 광범위한 증거를 제시했습니다. 이 연구들은 이러한 경제적 충격이 종종 문화와 정체성을 통해 작용한다는 것을 보여 줍니다. 즉, 경제적 불안을 경험하는 유권자들은 외부 집단에 대한 혐오감을 더 느끼기 쉬워지며, 이는 사회 내 문화적인, 정체성의 분열을 심화시키고 우파 정치인들이 국수주의적 감정을 자극하고 호소할 수 있게 합니다.

이러한 경향은 특히 '전향자들' 사이에서 뚜렷하게 나타났습니다. 여기서 말하는 전향자란, 오바마에게 투표했다가 그의 배신을 경험한 뒤 트럼프로 돌아선 유권자들을 뜻하죠. 로드릭은 이들이 자신의 경제적·사회적 지위를 바라보는 방식에서 일반적인 공화당 지지자들과는 매우 달랐으며 훨씬 더 불안정하게 느끼고 있었다는 사실을 밝혔습니다. 이들은 단지 경제적 불안정성에 대한 우려뿐 아니라, 무역·이민·금융 등 세계화의 거의 모든 측면에 대해 적대적인 태도를 보였던 거죠.

중요한 점은 이러한 반응이 '세계화' 자체에 본질적으로 내재한 결과는 아니라는 점입니다. 클린턴 행정부가 추진한 투자자 권리를 중심에 둔 세계화 모델에 대안이 없었던 것은 아니었습니다. 당시 노동운동과 의회 산하의 기술평가국(OTA, 지금은 해체됨)은 노동자들에게 실질적인 혜택을 줄 수 있는 방향으로 구상하고 있었습니다. 하지만 그런 대안들은 곧바로 배제되었고, 1990년대 수많은 이슈 가운데서도 충분히 논의되지 못한 채 잊히고 말았죠.

C. J. 폴리크로니우

||||| 2020년 대선 결과를 부정하는 수백 명의 후보가 이번 중간선거에 출마하고 있습니다. 그렇다면 이번 선거에서 트럼프의 영향력은 얼마나 중요할까요? 또한 공화당 지도부가 당의 지지 기반에 대한 통제력을 완전히 상실했다고 볼 수 있을까요?

── **노엄 촘스키**

||||| 공화당 지도부는 2016년 트럼프의 대선 캠페인을 계기로 큰 충격과 혼란을 겪으며, 당의 지지 기반과 운영에 대한 장악력을 점차 상실하기 시작했습니다. 그 뒤로는 대부분이 트럼프에게 맹목적으로 따르거나, 소수의 남은 세력을 제외하고는 사실상 정치 무대에서 밀려났죠. 오늘날 공화당은 실질적으로 트럼프의 정당이 되었다고 할 수 있습니다. 그는 전통적인 공화당 지지층인 초부유층과 기업의 이익에 여전히 충실하면서도 자신에게 점점 등을 돌리는 유권자층을 교묘하게 유지하는 데에도 성공했습니다.

'부인주의denialism'는 사회 질서의 붕괴를 보여 주는 징후 중 하나로 민주주의의 약화를 반영합니다. 지금 이 경향은 공화당 지지층과 당의 주요 후보들 사이에서 광범위하게 퍼져 있습니다. 《워싱턴 포스트》에 따르면, '2022년 11월 중간선거에 출마한 공화당 하원·상원 후보들과 주정부 주요 직위 후보들 가

운데 대다수가 2020년 대선 결과를 부정하는 태도를 보이고 있다'고 보도했습니다.

《워싱턴포스트》의 분석에 따르면, 이러한 부인주의의 영향은 장기적으로 지속될 가능성이 큽니다. 부인주의자들은 '하원의장 선출에 상당한 영향력을 행사할 것이며, 이 의장이 향후 대선에서도 중요한 역할을 맡을 수 있다'고 전했습니다. 또한 주 선거에서 당선된 이들은 '미국 선거를 관리하는 일정한 권한을 가지게 될 것'이라고 분석했습니다. 모든 객관적 조사 결과는 부정선거 주장이 근거 없음을 입증했지만, 부인주의자들 사이에 깊이 자리 잡은 소외감과 절망감은 이 사실의 영향력을 약화시킵니다. 그들에게는 그 주장이 거짓인지 아닌지보다 자신이 속한 정치적 공동체의 정서가 더 큰 의미를 갖는 것이죠.

2020년 대선 결과를 뒤집으려 했던 트럼프의 시도는 실패로 끝났지만, 그로부터 촉발된 부인주의 운동은 2년이 지난 지금 더 강해졌습니다. 실제로 공화당 예비선거에서는 트럼프의 부정선거 주장을 수용한 후보들이 외면당하기는커녕 오히려 적극적인 지지를 받았다고《워싱턴포스트》는 전합니다.

"이는 우리의 정치 과정을 좀먹고 있는 일종의 질병이며, 그 영향은 매우 심각합니다. 정치학자 래리 제이콥스 Lawrence R. Jacobs는 이렇게 지적했습니다.

"'이제 더 이상 도널드 트럼프 한 사람의 문제가 아닙니다. 지금 문제가 되는 것은 전체 선거 시스템이며, 정당한 선거라는 개념 자체가 흔들리고 있다는 점입니다. 모든 것이 불확실해졌어요.'"

이는 결코 과장이 아닙니다. 다시 말하지만, 이러한 현상은 미국만의 문제가 아닙니다. 브라질은 세계에서 가장 효율적이고 안전한 선거 시스템을 갖춘 나라 중 하나로 평가받지만, 오히려 극단적인 사례로 자주 언급됩니다. 보우소나루는 자신이 당선되지 않을 경우를 대비해 선거 결과에 대한 불신을 조장하는 전략을 공공연히 펼쳤고, 외국 대사들까지 초청해 이를 확산시키는 상황까지 벌어졌습니다.

학술 연구에 따르면, 공화당 내에서 확산된 부인주의는 '다른 국가들의 권위주의 운동과 놀라울 정도로 유사한 양상을 보이며, 이들 대부분은 선거 결과에 대한 불신을 조장하는 것으로 시작된다'고 합니다. '선거를 도둑맞았다는 주장을 퍼뜨리는 이들 가운데 다수는 그것이 거짓임을 알고 있음에도 불구하고, 권력을 얻기 위해 이를 악용하고 있다'고 분석됩니다.

C. J. 폴리크로니우

민주당 내부에는 다양한 쟁점에 대한 이견이 존재하지만, 최소한 선거 메시지에 반영된 바에 따르면, 공화당이 권력을 장악할 경우 미국이 노골적인 권위주의 체제로 퇴행하거나, 심지어 준準파시스트적 정치 형태로 전락할 수 있다는 데에는 일정한 공감대가 형성된 것으로 보입니다.

이러한 경고 메시지가 일반적인 미국 유권자들에게 얼마나 설득력 있게 다가갈 수 있을까요? 그리고 민주당은 왜 계속해서 농촌 지역 유권자들의 지지를 잃고 있는 걸까요?

노엄 촘스키

▨ 농촌 지역 주민들은 "이제 내 나라에서조차 내가 이방인이 된 듯하다."라고 말합니다. 이는 충분히 이해할 수 있는 감정이에요. 지속적인 인구 구성의 변화와 문화적 이동뿐 아니라, 신자유주의적 세계화는 농촌 지역에 심각한 타격을 입혔습니다. 중소 제조업은 무너졌고, 농민들은 보조금을 받는 대형 농업 기업에 밀려났습니다. 상점은 문을 닫고, 젊은이들은 일자리나 미래를 찾아 고향을 떠나고 있습니다. 이런 지역들은 연방정부 제도 아래에서 교육 수준이 높고 경제적으로 잘사는 도시들로부터 어느 정도 도움을 받고 있긴 합니다. 하지만 이런 도움은 피부에 와닿지 않습니다. 민주당이 점점 부유한 전문가 집단과 월스트리트 기부자들의 당이 되면서 전통적인 농촌 사회와 노동계급 기반으로부터 멀어졌기 때문입니다.

이러한 환경에서는 민주주의의 붕괴나 소수자 권리에 대한 경고가 거의, 혹은 전혀 공감대를 얻지 못합니다. 만약 미국이 준파시스트 체제로 향하고 있다는 진단이 현실이 된다면, 세계는 극히 암울한 미래를 마주하게 될 것입니다. 그러나 이는 피할 수 없는 운명은 아닙니다. 이런 흐름을 만들어 온 데는 많은 이가 책임이 있으며, 지금도 이 방향을 되돌릴 기회는 남아 있습니다. 다만 시간이 얼마 남지 않았을 뿐이죠.

* 노엄 촘스키 *

민주주의를 무너뜨리는 방식은 언제나 닮아 있다

2023년 2월 2일

C. J. 폴리크로니우

노엄, 2023년 1월 8일, 브라질에서는 자이르 보우소나루 전 대통령을 지지하는 시위대가 선거 패배를 받아들이지 못하고 정부 건물에 난입하는 사태가 벌어졌습니다. 이들은 자신들이 따르던 파시스트적 지도자가 권력을 잃었다는 사실을 부정한 채, 폭력적인 방식으로 반발한 것이죠. 이 사건은 룰라 다 시우바 대통령이 선거에서 승리한 순간부터 당신이 특히 우려해 왔던 일이기도 합니다.

실제로 이번 사태는 브라질 안팎에서 수많은 의문을 불러일으켰습니다. 브라질 경찰은 왜 시위대를 제지하지 못했는지, 정보기관은 룰라 대통령에게 왜 사전에 경고하지 않았는지, 이 폭동의 기획자는 누구였는지 등이죠.

이번 사건은 명백한 쿠데타 시도로 평가할 수 있으며, 2021년 1월 6일 미국 국회의사당에서 벌어졌던 폭동과 매우 유사한 양상을 띠고 있습니다. 나아가 이는 신자유주의 시대에 자유 민주주의 체제가 얼마나 취약해졌는지를 다시 한번 극명하게 보여 주는 사례이기도 합니다. 이에 대해 어떻게 보시나요?

— **노엄 촘스키**

▦ 확실히 취약합니다. 미국에서 벌어졌던 1월 6일의 쿠데타 시도는 만약 몇몇 인물이 다른 결정을 내렸거나 트럼프가 임기 말에 시도했던 것처럼 군 수뇌부를 교체하는 데 성공했더라면 실제로 실행에 옮겨졌을 수도 있었습니다. 그날의 폭동은 철저하게 계획된 것이 아니었고, 지도자인 트럼프는 자기도취적 분노에 사로잡혀 사태를 제대로 파악하거나 지휘하지 못했죠.

반면, 이를 본뜬 브라질의 1월 8일 사태는 훨씬 더 치밀하게 준비되었으며, 조직적 자금 지원도 이루어졌습니다. 초기 조사 결과에 따르면, 소규모 기업인들과 아마존을 마음껏 훼손할 권리가 위협받을 것을 우려한 농업계 이익집단이 자금을 댔을 가능성이 있습니다. 이 시위는 사전 홍보가 광범위하게 이루어진 만큼, 브라질 보안 기관이 그 계획을 몰랐다고 보기는 어렵습니다. 브라질의 수도 브라질리아는 원래부터 친보우소나루 성향이 강한 지역이기에 보안 기관이 폭도들에게 묵시적 또는 명시적으로 협조했을 가능성도 있습니다. 군대 또한 인근 군사 시설 외곽에서 쿠데타가 조직되고 물자가 집결하는 상황을 지켜보면서도 개입하지 않았습니다.

미국에서는 보기 어려웠던 인상적인 단결력을 바탕으로 브라질의 공직자들과 엘리트들은 보우소나루주의자들의 반란을 강력히 규탄했고, 신임 대통령 룰라가 이를 진압하기 위해 취한 단호한 조치에 지지를 보냈습니다. 미국에서처럼 고위층 사이에 퍼졌던 선거 부정론도 나타나지 않았습니다.

이번 반란에 대한 국제 사회의 반응은 신속하고도 강력했습니다. 특히 미국의 반대 입장은 결정적인 역할을 했죠. 브라질 정치를 깊이 이해하는 분석가 리스트 비에이라Liszt Vieira는 1월 16일 〈21 포럼〉과의 대화에서 '바이든 대통령이 개인적으로 룰라를 좋아하지는 않지만, 브라질의 선거 제도를 지키기 위해 외교관 4명을 파견했고, 브라질 군부에 쿠데타는 용납할 수 없다는 분명한 메시지를 전달했다'는 겁니다.

저널리스트 존 리 앤더슨Jon Lee Anderson 역시 이 일련의 사건에 대해 신중하게 설명하며, 비에이라의 발언을 뒷받침해 주었습니다. 만약 1월 6일의 쿠데타 시도가 성공했거나, 혹은 유사한 시도가 공화당 행정부 아래에서 일어났다면, 브라질은 암울했던 군사 독재 시절로 되돌아갔을 가능성이 큽니다.

이 사건은 미국에서든, 또는 헨리 스팀슨 전쟁 장관이 '우리의 이 작은 지역'이라 불렀던 라틴아메리카에서든 아직 끝나지 않았다고 저는 봅니다. 스팀슨은 전후 미국 주도의 새로운 세계 질서에서 모든 지역 체제가 해체되어야 한다고 주장했지만, 유일한 예외로 미국 체제는 그대로 유지돼야 한다고 말했죠.

신자유주의 시대를 거치며 민주주의의 취약성이 극명하게 드러났습니다. 이는 민주주의의 가장 오래된 전통을 가진 영국과 미국에서도 마찬가지였죠. 놀랄 일은 아닙니다. 신자유주의는 표면적으로는 자유 시장과 효율성을 내세우지만, 실질적으로는 계급 전쟁의 한 형태이기 때문입니다. 그리고 이 신자유주의와 긴밀하게 연결된 긴축 정책의 뿌리는 제1차 세계대전 이후까지 거슬러 올라갑니다.

경제사학자 클라라 마테이Clara Mattei의 최근 연구는 이 주제에 대해 매우 통찰력 있는 분석을 제시하고 있습니다. 그 핵심 원칙은 경제 정책을 대중의 영향력과 압력으로부터 철저히 분리하는 데 있습니다. 자유민주주의 국가에서는 이를 전문가에게 위임하는 방식으로, 파시즘 정권에서는 폭력을 동원하는 방식으로 실현되죠. 이 두 방식은 명확히 구분되지 않으며, 서로 겹치기도 합니다. 조직된 노동은 부유층과 기업 부문으로의 부의 이전, 즉 '건전한 경제'를 방해하는 존재로 간주하며 따라서 제거의 대상으로 여겨졌습니다. '자유무역'이라는 이름으로 위장된 투자자 권리 협정은 이러한 흐름을 더욱 강화해 왔습니다.

　입법과 사법을 포함한 여러 정책 수단을 통해 정치 시스템은 점차 집중된 사적 자본의 통제 아래로 들어갔고, 그 결과 임금은 정체되었으며 복지 제도는 축소되었습니다. 많은 노동자는 점점 더 불안정한 삶으로 내몰리며, 한 달 벌어 한 달을 살아가는 상황에 부닥쳐 비상 상황에 대비할 여력조차 없는 상태로 내몰리고 있습니다. 당연히 제도에 대한 존중도 점차 사라지고 있으며, 형식적인 민주주의 또한 붕괴의 길을 걷고 있습니다. 이는 신자유주의적 계급 전쟁이 지향하는 바와 정확히 일치하는 결과입니다.

C. J. 폴리크로니우

▦ 브라질은 미국처럼 극도로 양극화된 나라입니다. 거의 내전에 가까운 상태라고 해도 과장이 아닐 정도죠. 이런 상황에서 룰라 대통령이 앞으로 감당해야 할 과제, 국가 통합과 진보적 가치를 바탕으로 한 새로운 정책 과제의 추진은 매우 험난할 것으로 보입니다. 많은 사람이 좌파 대통령에게 기대하는 급진적인 개혁을 그의 정부가 이루지 못한다고 해도 우리가 놀랄 수는 없겠죠?

노엄 촘스키

▟ 브라질을 비롯해 최근 좌파 정치가 승리한 인근 국가들, 이른바 핑크 타이드[4] 국가들에서 저는 급진적 개혁의 실질적 가능성을 거의 찾아볼 수 없습니다. 선출된 지도자들은 급진적인 제도 개혁에 헌신하지 않으며, 설령 그런 시도를 한다 해도 내부의 집중된 경제 권력과 복음주의 교회를 중심으로 한 보수적 문화 세력이 강하게 반발할 것입니다. 여기에 더해, 라틴아메리카에서 여전히 '우리의 이 작은 지역'으로서 질서와 복종을 요구하는 전통적인 외부 세력인 경제적, 체제전복적, 군사적 압력도 여전합니다.

현실적으로 브라질에서 기대할 수 있는 것은 룰라 대통령의 첫 임기 동안 추진되었던 정책들을 이어 가는 일일 것입니다. 세계은행은 이 시기를 '황금의 10년'이라 평가했는데, 이 기간에 빈곤이 크게 줄었고 극심한 불평등을 겪던 사회에서 포용성도 크게 확장되었습니다. 룰라의 브라질은 당시 국제적으로도 높은 위상을 갖고 있었으며, 글로벌 사우스를 대변하는 목소리를 효과적으로 냈습니다. 하지만 보우소나루의 퇴행적 정책들로 인해 이러한 성과는 대부분 훼손되고 말았죠.

---

4 **핑크 타이드** '분홍색 물결'이라는 뜻으로 중남미에서 좌파 세력이 다수 집권하는 현상을 의미

일부 전문가들은 더 낙관적인 전망을 내놓고 있습니다. 제프리 삭스Jeffrey Sachs는 브라질의 새 정부와 심도 있는 논의를 나눈 뒤 브라질의 성장과 발전 가능성이 밝아 보이며, 브라질이 지속 가능한 발전을 위한 글로벌 구조(금융 및 외교 정책을 포함한) 개혁에 기여할 것이라고 평가했습니다.

브라질뿐만 아니라 전 세계적으로 가장 중요한 과제는 룰라 대통령의 첫 임기에서 거둔 주요 성과 중 하나였던 아마존 보호 정책을 재개하고 더욱 확대하는 일입니다. 이 정책은 보우소나루의 파괴적인 행보로 인해 중단되었고, 그 결과 광업과 농업 이익집단에 의해 아마존 일부가 이미 사바나로 변하기 시작했죠. 이는 되돌리기 어려운 변화이며 세계 최대의 탄소 흡수원을 탄소 배출원으로 전환하는 치명적인 전환입니다. 다행히 현재 환경 문제를 담당하고 있는 마리나 실바Marina Silva는 오랜 기간 헌신해 온 환경운동가로 이 소중한 자원을 파괴로부터 구해낼 수 있으리라는 희망을 줍니다. 이는 단지 브라질의 문제가 아니라 지구 전체의 미래에 중대한 영향을 미칠 핵심 과제입니다.

또한 아마존의 원주민들에게도 희망이 생기기 시작했습니다. 룰라 대통령이 복귀한 직후 가장 먼저 한 일 중 하나는 보우소나루 정권의 공격으로 공포에 떨고 있던 아마존 원주민 공동체를 직접 찾은 것이었습니다. 그곳에서 마주한 현실은 참혹했습니다. 어린이들은 해골처럼 야위었고, 질병과 파괴가 일상이 되어 있었습니다.

이제야말로 이러한 끔찍한 범죄가 멈출 수 있을지 모릅니다. 이러한 조치들은 결코 사소한 성취가 아닙니다. 오히려 이 성취들은 브라질 국민이 마땅히 누려야 할 보다 근본적인 제도 개혁의 토대를 확고히 다지는 데 기여할 수 있습니다. 그 토대는 이미 존재하고 있습니다. 브라질은 세계에서 가장 크고 활발한 좌파 민중운동인 '무토지 농촌노동자 운동MST'의 본거지이기 때문입니다. MST는 버려진 토지에 생산적인 공동체를 세우고, 자주 성공적인 협동조합을 만들어왔습니다. 물론 그 길은 쓰디쓴 투쟁과 노력의 연속이었죠.

MST는 주요 도시의 좌파 민중운동과도 긴밀하게 연결되어 있으며, 그중에서도 가장 두드러진 인물인 기에르메 볼로스Guilherme Boulos는 룰라 대통령과도 긴밀한 관계를 맺고 있습니다. 이들은 단지 점진적인 개선에 그치지 않고, 브라질에 진정 필요한 새로운 길을 열어나갈 가능성을 보여 줍니다.

C. J. 폴리크로니우

▎좌파가 집권한 국가들에서 종종 기대에 못 미치는 결과가 나타나는 경우가 많습니다. 실제로 야당일 때는 비판하던 신자유주의 정책들을 정권을 잡은 뒤에는 그대로 이어 가는 사례도 적지 않지요.

이는 신자유주의의 힘이 너무 강력하기 때문일까요, 아니면 현재의 좌파가 자본주의를 넘어설 수 있는 전략이나 비전이 부족하기 때문일까요?

── **노엄 촘스키**

▐▐▐▐ 라틴아메리카에는 오랜 시간에 걸쳐 활발한 좌파 전통이 이어져 왔으며, 북쪽의 거대 국가인 미국 역시 그로부터 배울 점이 많습니다. 하지만 그 내부와 외부에는 뿌리 깊고 강력한 장벽들이 존재하며, 이 장벽들은 단지 신자유주의적 질서에 그치지 않고, 더 근본적인 희망과 기대조차 가로막아 왔습니다. 라틴아메리카는 때때로 이러한 제약을 돌파할 가능성을 보여 주었고, 지금도 그 가능성은 열려 있습니다.

이는 오늘날 분명히 드러나는 다극적 세계 질서의 흐름에 기여할 수 있으며, 어쩌면 더 나은 세상을 향한 길을 여는 데 도움이 될지도 모릅니다. 하지만 깊숙이 뿌리박힌 권력은 쉽게 사라지지 않습니다.

우리는 정치적 위기, 경제적 위기, 생태와 기후의 위기를 논의하곤 합니다. 그런데 제 생각에 이제는 '인류의 위기'라는 차원에서 논의해야 할 때가 아닐까 싶습니다. 제가 말하는 '인류의 위기'란, 우리가 지금 반反 계몽의 시대의 문턱에 서 있을지도 모른다는 것입니다. 자본주의와 비이성이 통제 불능 상태로 치닫고 있으며, 이는 광범위한 존재론적 전환의 근본 원인이 되고 있습니다. 이 문제에 대해 나누고 싶은 생각이 혹시 있는지요? 우리는 정말 반 계몽 시대의 도래를 마주하고 있는 걸까요?

우리는 계몽주의가 세계 대부분 지역에 밝은 미래를 약속하지 않았다는 사실을 잊지 말아야 합니다. 계몽주의의 확산은 애덤 스미스가 말한 '유럽인의 야만적 불의'가 본격적으로 작동하면서 이루어졌죠. 이는 세계 여러 지역에 가해진 참혹한 공격이나 다름없었습니다. 당시 가장 발전한 사회로 여겨졌던 인도와 중국은 유럽 제국주의의 야만성에 의해 깊이 파괴되었습니다. 특히 후기에는 세계 역사상 최대 규모의 마약 밀매 조직이 등장하는데, 바로 영국이 주도한 아편 무역입니다. 영국은 인도를 황폐화시키며 아편 생산지로 만들었고, 이 아편을 중국에 강제로 유입시켰습니다. 북미 식민 세력도 여기에 가담했고, 다른 제국주의 강국들 역시 참여해 중국에 '굴욕의 세기'라 불리는 참담한 시기를 초래했습니다

아메리카 대륙과 아프리카에서는 그 파괴가 훨씬 더 심각했습니다. 이와 같은 범죄적 파괴 행위는 이미 너무나 잘 알려져 있어서 굳이 다시 언급할 필요조차 없을 정도죠. 물론 그런 어두운 역사 속에서도 인권이나 자유, 평등 같은 고귀한 이상이 존재하지 않았던 것은 아닙니다. 그 영향은 제한적이었지만,

무시할 수 없는 중요한 의미를 지녔습니다. 다만 그런 이상들도 항상 존중받은 것은 아니며, 오랫동안 공격받고 왜곡되거나 무시되며 제대로 실현되지 못해 왔다는 점 또한 부인할 수 없습니다.

오늘날, 제약 없는 자본주의가 인류에게 심각한 위협이라는 사실은 이제 어떤 순화된 언어로도 감출 수 없습니다. 제국주의적 폭력, 종교적 민족주의, 그리고 그로부터 파생되는 사회적 병폐들이 거침없이 확산하고 있습니다. 지금, 이 순간에도 눈앞에서 벌어지고 있는 일들은 77년 전 우리가 분노 속에서 던졌던 그 질문을 다시 떠올리게 만듭니다.

> "인류는 과연 파괴를 가능케 하는 기술적 능력과 이를 제어할 수 있는 도덕적 능력 사이의 간극을 좁힐 수 있을까요?"

이것은 단순한 질문이 아닙니다. 궁극적인 질문입니다. 왜냐하면 이 질문에 긍정적인 답을 얻지 못한다면, 그리고 그것이 너무 늦지 않은 시점에 이루어지지 않는다면, 우리는 더 이상 어떤 질문에도 관심을 가질 수 없을 테니까요.

* 노엄 촘스키 *

누가 전쟁을 결정하고, 누가 고통을 감당하는가

2022년 10월 15일

C. J. 폴리크로니우

노엄, 20년 전 미국 의회는 대규모 반대에도 불구하고 이라크 침공을 승인했습니다. 조 바이든을 포함한 여러 주요 민주당 상원의원들이 전쟁에 찬성표를 던졌죠. 역사적 관점에서, 또 미래를 바라보며, 이라크 전쟁의 원인과 그로 인한 영향은 무엇이라고 보시나요?

— 노엄 촘스키

지지에는 여러 형태가 있습니다. 명시적인 지지부터 묵인에 이르기까지 다양하죠. 후자의 경우, 그것을 단순한 '실수' 정도로 여기는 사람들도 포함됩니다. 오바마는 이를 '전략적 실수'라고 평가했지요. 히틀러의 주요 결정에 반대했던 나치 장군들 역시 그 판단을 전략적 실수라고 여겼습니다. 하지만 우리는 그들을 나치의 침략에 반대한 인물로 평가하지 않습니다. 러시아의 장성들 가운데서도 아프가니스탄 침공을 실수라고 보고 반대한 이들이 있었죠.

우리가 언젠가 다른 나라에 적용하는 기준을 우리 자신에게도 적용할 만큼 윤리적으로 성숙해진다면, 이라크 전쟁에 대해 미국의 고위 지도부와 정치권이 원칙적으로는 거의 반대하지 않았다는 사실을 직시하게 될 것입니다. 이는 베트남 전쟁이나 그 밖의 다른 중대한 범죄들에 대해서도 마찬가지죠. 물론 대중적 차원의 강력한 반대는 분명히 존재했습니다. 제가 MIT에 있을 당시 직접 겪은 일도 그 한 예입니다. 전쟁이 공식적으로 발발하기도 전에, 학생들은 대규모 공공 시위에 참여하기 위해 수업을 중단해 달라고 요청했습니다. 이는 제국주의 역사상 전례 없는 일이었죠. 이후 학생들은 시내의 한 교회에 모여 다가올 범죄와 그 여파에 대해 진지하게 토론했습니다.

전 세계적으로도 분위기는 비슷했습니다. 이런 흐름 속에서 도널드 럼즈펠드는 '구 유럽'과 '신 유럽'이라는 표현을 써가며 유명한 구분을 시도했죠. 그에 따르면, '구 유럽'은 국제법이나 주권처럼 지루한 개념에 집착하는 전통적 민주주의 국가들이었고, 그런 나라들은 미국이 무시해도 된다는 것이었습니다. 반면 '신 유럽'은 미국의 노선을 충실히 따르는 나라들이었고, 여기에는 러시아의 옛 위성국들과 서구 민주주의 국가인 스페인 등이 포함됐습니다. 당시 스페인의 호세 마리아 아스나르 총리는 자국 내 여론의 압도적인 반대를 무시하고 워싱턴의 입장을 지지했으며, 그 대가로 조지 W. 부시와 토니 블레어가 이라크 침공을 발표할 때 함께하도록 초대받았죠.

이러한 구분은 미국이 전통적으로 민주주의에 깊은 관심을 가져왔다는 인상을 주려는 의도를 반영한 것이기도 합니다. 향후 부시와 블레어가 이 의미심장한 시점에 어떤 인터뷰를 내놓을지 지켜보는 것도 흥미로울 텐데요. 참고로 부시는 아프가니스탄 침공 20주년을 맞아 인터뷰를 한 바 있습니다. 이 침공 역시 흔히 주장되는 바와는 달리 국제 사회의 압도적인 반대 속에서 감행된 또 하나의 범죄적 침략이었죠. 이 문제는 우리도 앞서 논의한 적이 있습니다.

당시 부시는 《워싱턴포스트》와 인터뷰를 했는데 흥미롭게도 그 내용은 정치나 국제면이 아닌 '라이프스타일' 섹션에 실렸습니다. 그곳에서 그는 손자들과 노는 일상과 자신이 만났던 유명 인사들의 초상화를 자랑하는 '사랑스럽고 엉뚱한 할아버지'의 모습으로 묘사되었습니다.

미국과 영국의 이라크 침공에는 공식적인 명분이 있었습니다. 최고위층에서는 이를 '단일 질문'이라고 불렀죠. 즉, "이라크가 핵무기 프로그램을 중단할 것인가?"라는 것이었습니다. 그러나 국제 사찰단은 해당 프로그램의 존재 자체에 의문을 제기하며, 추가 조사를 위한 시간을 요청했습니다. 하지만 이 요청은 무시되었고, 미국과 그 뒤를 따르던 영국은 어떤 식으로든 전쟁을 감행할 태세였습니다.

몇 달 후, 그 '단일 질문'에 대한 답이 나왔습니다. 그러나 그들은 원하는 답을 얻지 못했습니다. 우리는 당시 부시가 보여준 우스꽝스러운 장면을 기억할 수 있을 겁니다. 그는 테이블 밑을 들여다보며 "여기엔 없군요. 혹시 벽장 안에 있나?" 하며 익살을 부렸죠. 이 장면에 청중들은 웃음을 터뜨렸지만, 바그다드의 거리에서는 웃음소리가 들리지 않았습니다.

이처럼 '잘못된 답변'은 서둘러 다른 명분을 찾아야 한다는 압박으로 이어졌고, 결국 침공의 목적은 '단일 질문'이 아니라 이라크에 민주주의를 가져오려는 우리의 숭고한 열망이라는 새로운 설명으로 대체되었습니다.

저명한 중동학자 아우구스투스 리처드 노튼Augustus Richard Norton은 이러한 변화를 비판적으로 지적하며 이렇게 말했습니다.

"이라크의 대량 살상 무기에 관한 거짓이 드러나자, 부시 행정부는 점차 이라크의 민주주의적 변화를 강조하기 시작했고, 많은 학자가 그 민주화 담론에 편승했다."

언론과 평론가들 역시 이러한 흐름에 동조했습니다. 실제로 그들은 이라크 내부에서 어느 정도의 지지를 받기도 했습니다. 갤럽의 여론조사 결과에 따르면, 일부 이라크인들 역시 침공의 명분에 동의하는 듯한 반응을 보였거든요. 전체 응답자 가운데 1퍼센트는 침공의 목적이 '민주주의 수립'이라고 답했고, 5퍼센트는 '이라크 국민을 돕기 위한 것'이라고 응답했습니다.

하지만 대다수는 전혀 다른 시각을 가지고 있었습니다. 그들은 이 침공의 진짜 목적이 이라크의 자원을 장악하고, 중동 지역을 미국과 이스라엘의 이익에 부합하도록 재편하려는 데 있다고 보았죠. 이러한 인식은 '음모론'이라는 이름 아래 서구의 합리적인 인사들로부터 조롱받았습니다.

그들 중 일부는 냉소적으로 말했습니다. 만약 이라크의 주요 자원이 상추와 피클이었다면 워싱턴과 런던이 그토록 열렬히 민주주의를 전파하려 들었을지는 의문이라고요. 이라크 침공의 결과는 여러 측면에서 참혹했습니다. 아랍 세계에서 가장 발전된 국가 중 하나였던 이라크는 사실상 폐허가 되었죠. 침공 이전에는 거의 존재하지 않았던 시아파와 수니파 간의 종파 갈등이 본격화되었고, 이는 이라크뿐만 아니라 중동 전역을 분열시키는 주요 원인이 되었습니다. 그 혼란 속에서 '이라크·시리아 이슬람국가ISIS'가 등장했습니다. 미군이 훈련시키고 무장시킨 이라크군은 소총을 든 지하디스트들이 픽업트럭을 몰고 접근하자마자 겁을 먹고 도주했습니다. 결국 바그다드 코앞까지 진격했던 ISIS는 이란의 지원을 받은 민병대에 의해 가까스로 저지되었죠. 그러나 이로 인해 촉발된 사태는 끝없이 이어졌습니다.

하지만 이러한 참혹한 결과조차 미국 내에서 '사랑스럽고 엉뚱한 할아버지'로 불리는 조지 W. 부시에게는 아무런 문제로 작용하지 않았습니다. 그는 이제 진지한 정치가로 추앙받으며 국제 정세에 대해 연설하는 인물로 자리매김했죠. 미국의 교육받은 계층 역시 그를 존경하는 분위기이고, 과거의 중대한 실수조차 잊어도 되는 일쯤으로 여기는 듯합니다.

이러한 반응은 과거 즈비그뉴 브레진스키가 러시아를 아프가니스탄 전쟁에 끌어들여 분쟁을 장기화시키고, 유엔의 러시아 철군 협상 시도를 막아선 일을 자랑스럽게 떠올리게 합니다. 브레진스키는 이 전략이 소련을 심각하게 약화시켰다며 '대성공'이었다고 평가했죠. 그는 그 대가로 단지 '몇몇 격앙된 무슬림들'이 생겨났을 뿐이라고 덧붙였습니다. 물론 백만 명에 이르는 사망자와 폐허가 된 아프가니스탄에 대해서는 단 한마디 언급도 없었습니다. 이는 지미 카터가 베트남전에 대해 "우리는 베트남에 어떤 빚도 지지 않았다. 양측 모두 피해를 당했기 때문이다."라고 말했던 발언을 떠올리게 하기도 합니다.

이와 같은 사례들은 끝없이 이어질 수 있습니다. 압도적인 권력을 가진 국가와 그 권력을 충실히 지지하는 지식인 사회가 존재하는 한, 불편한 진실쯤은 얼마든지 덮어버릴 수 있으니까요.

C. J. 폴리크로니우

▮▮▮▮ 2003년 미국의 이라크 침공은 러시아의 우크라이나 침공만큼이나 명백한 불법 행위였지만, 서방 국가들의 반응은 전혀 달랐습니다. 러시아의 침공에 대해서는 강력한 경제 제재가 즉각적으로 가해졌고, 러시아 신흥재벌(올리가르히)들의 자산은 동결되었으며, UN 안보리에서 러시아를 배제하자는 주장까지 나왔죠.

반면, 미국이 이라크를 침공했을 당시에는 이러한 조치가 전혀 취해지지 않았습니다. 미국의 불법적 행동에는 왜 동일한 기준이 적용되지 않았다고 보시는지요?

— **노엄 촘스키**

▮▮▮▮ 굳이 길게 설명할 필요도 없습니다. 제2차 세계대전 이후 가장 중대한 범죄는 미국의 인도차이나 전쟁이었죠. 하지만 그에 대한 미국 비난은 애초에 논의조차 되지 않았습니다. 유엔조차도 이 끔찍한 범죄를 공식 의제로 다루는 순간, 미국의 보

복으로 조직이 붕괴될 수 있다는 사실을 알고 있었습니다. 서방 국가들은 푸틴의 영토 병합을 정당하게 규탄하며, 그를 히틀러의 부활쯤으로 묘사하고 처벌을 요구합니다.

같은 서방이 미국이 이스라엘의 골란고원과 동예루살렘 일부 지역의 불법 병합을 승인할 때, 혹은 모로코의 서사하라 불법 합병을 인정할 때는 형식적인 항의조차 거의 하지 않았습니다. 이런 사례는 무수히 많고, 그 이유는 너무도 분명하죠.

세계 질서의 운영 법칙이 위반되면 그에 대한 반응은 매우 신속하게 나타납니다. 이를 분명히 보여 주는 대표적인 사례가 바로 1986년 국제사법재판소ICJ의 판결입니다. 당시 재판소는 '신성한 국가' 즉, 미국을 국제 테러 행위, 법률적 표현으로는 '불법적 무력 사용' 혐의로 규탄하며, 즉각 범죄 행위를 중단하고 피해국인 니카라과에 상당한 배상금을 지급하라고 명령했죠. 당시 판결은 국제법이 단지 선언적 원칙이 아니라, 실질적인 책임을 요구할 수 있는 장치임을 입증하는 사례로 평가되었습니다. 하지만 미국은 이에 정면으로 맞서, 오히려 그 범죄 행위를 더욱 확대했습니다. 미국 언론은 이 판결을 무시했으며, 《뉴욕타임스》는 국제사법재판소를 '적대적인 재판소'로 규정했습니다. 그 근거는 단 하나 미국에 불리한 판결이 내려졌다는 것이었습니다. 국제적 권위를 지닌 법적 기구조차 미국의 전략적 이해에 반할 경우 배척당한다는 점은 규범보다는 힘이 지배하는 현실을 보여 줍니다.

이 사건은 사실상 역사에서 지워졌습니다. 오늘날까지도 미국은 국제사법재판소의 판결을 거부한 유일한 국가로 남아 있지만, 그 사실조차 거의 언급되지 않으며 당연히 어떤 처벌도 받지 않았습니다. '법은 거미줄과 같아서, 큰 것은 빠져나가고 작은 것만 걸린다'는 오래된 속담이 있습니다. 이 말은 국제무대에서 더욱 실감이 나게 적용됩니다. 이 영역에서는 '대부'가 모든 규칙을 좌우하기 때문이죠. 국제사회의 구조적 불균형은 법이 약자를 보호하는 수단이 되기보다는 강자의 선택적 도구로 기능하도록 만들고 있습니다.

오늘날 국제법에 대한 경멸은 더 이상 숨겨지지도 않습니다. 다만 '적'을 겨냥한 무기로 사용할 때만 예외적으로 그 정당성이 강조되곤 합니다. 이제 국제법은 '규칙 기반 국제 질서'라는 이름 아래 재구성되고 있습니다. 이 질서는 사실상 '대부가 규칙을 만드는 체제'이며, 미국의 외교 정책에 제약을 가해 온 유엔 중심의 기존 국제 질서를 대체하려는 시도입니다.

C. J. 폴리크로니우

|||| 만약 의회가 부시 행정부의 이라크 침공 계획을 승인하지 않았다면 어떤 일이 벌어졌을까요?

노엄 촘스키

공화당은 상원과 하원 모두에서 이라크 침공에 압도적으로 찬성표를 던졌습니다. 상원에서는 단 한 명의 공화당 의원(링컨 채피)만 반대표를 던졌고, 민주당은 상원에서 찬성 29명, 반대 21명으로 의견이 갈렸습니다. 하원에서는 민주당이 반대표를 더 많이 던졌으며, 전체적으로는 민주당이 공화당보다 이 침공에 덜 협조적이었습니다. 만약 의회가 전쟁 계획을 승인하지 않았다면, 부시 행정부는 체니, 럼즈펠드, 울포위츠 같은 강경파들이 명확히 제시했던 목표를 달성하기 위해 다른 수단을 모색했을 가능성이 큽니다.

그 외의 방식도 얼마든지 존재했을 겁니다. 파괴 공작이나 정권 전복, 보복을 위한 구실이 될 사건의 조작 또는 유도, 혹은 단순히 대중을 괴롭히는 제재를 지속적으로 강화하는 식이죠.

클린턴 행정부 시기 이라크 제재 프로그램을 감독했던 두 명의 국제 외교관이 사임했던 일도 떠올릴 수 있습니다. 그들은 그 프로그램을 '집단학살적'이라고 강하게 비판하며 물러났습니다. 그중 한 명인 한스 폰 스포넥Hans von Sponeck은 이라크 제재의 영향을 심층적으로 다룬 책 『다른 종류의 전쟁A Different Kind of War』을 집필했습니다. 이 책은 미국의 대이라크 제재와 침공의 전개 과정을 고발하는 가장 중요한 저작 가운데 하나로 평가됩니다. 물론 공식적으로 금서로 지정된 적은 없지만, 사람들은 그저 조용히 순응했을 뿐입니다. 그 결과 이라크 국민들은 말로 다 할 수 없는 고통을 겪었고, 결국엔 '인도적 개입'이라는 명분이 자연스레 따라붙을 수밖에 없는 상황이 만들어졌을지도 모릅니다. 우리가 기억해야 할 점은 순응과 복종이 지배할 때 냉소주의는 끝도 없이 번식할 수 있다는 사실입니다.

* 노엄 촘스키 *

중국의 부상 앞에서 미국이 택한 길

2022년 8월 4일

C. J. 폴리크로니우

노엄, 서방 강대국들은 중국이 경제적·군사적으로 지배적인 세력으로 부상하는 데 점점 더 적대적인 외교로 맞서고 있습니다. 최근 인도-태평양 지역을 순방한 미국 합참의장 마크 밀리 장군은 중국이 이 지역에서 더욱 공격적인 태도를 보이고 있다고 지적했고, 바이든 행정부 역시 중국을 '속도를 맞춰 대응해야 할 위협'으로 규정했습니다.

한편, 보리스 존슨의 후임으로 유력한 리시 수낵은 중국을 영국의 '최대 위협'이라며 총리에 취임할 경우 중국 정부가 자금을 지원·운영하는 학습 기관인 공자학원을 영국 내에서 폐쇄하겠다고 공언했습니다.

서방은 왜 부상하는 중국을 이토록 두려워하는 걸까요? 그리고 이러한 대응은 21세기 제국주의의 본질에 대해 무엇을 말해 주고 있을까요?

─ 노엄 촘스키

▍▍▍▍ 먼저 서방의 두려움이 어떻게 형성돼 왔는지를 간략히 살펴보는 것이 좋겠습니다. 과거의 기록을 통해 이러한 두려움이 어떤 역사적 맥락 속에서 등장했는지를 검토하면, 현재의 지정학적 상황을 이해하는 데 도움이 될 것입니다.

여기서 말하는 '서방'은 넓은 의미가 아니라 좀 더 좁은 의미의 서방, 특히 영미 간의 '특별한 관계'를 뜻합니다. 1945년 이후 그 중심은 미국이었고, 영국은 줄곧 그 아래에서 하위 파트너 역할을 수행해 왔습니다. 이는 때로는 마지못한 선택이었지만, 때로는 매우 적극적인 방식으로 나타나기도 했습니다. 특히 토니 블레어 재임 시기에는 미국의 입장을 앞장서서 대변하는 모습이 두드러졌습니다.

서방의 두려움은 결코 새로운 것이 아닙니다. 러시아의 경우, 그 시작은 1917년까지 거슬러 올라갑니다. 당시 미국 국무장관 로버트 랜싱은 윌슨 대통령에게 볼셰비키가 '모든 나라의 프롤레타리아, 즉 무지하고 교육받지 못한 사람들에게 호소해, 그 수적 우위를 바탕으로 세계 지배를 꾀하고 있다'고 경고했습니다. 그는 이를 '세계적으로 확산하는 사회적 불안 속에서 매우 실질적인 위협'이라고 보았죠. 랜싱의 우려는 40년 뒤에도 반복됩니다. 냉전 시기, 국무장관 존 포스터 덜레스John Foster Dulles는 이렇게 한탄했습니다.

"미국은 무지한 대중의 마음과 감정을 조종하는 기술에서 소련보다 현저히 뒤처져 있다."

그는 공산주의자들이 대중 운동을 장악하는 능력은 우리가 따라 할 수 없는 것이라며, 이들이 호소하는 대상은 가난한 사람들인데, 그들은 늘 부유한 이들을 약탈하고 싶어 한다고 덧붙였습니다. 이러한 두려움은 시대와 상황을 달리하며 반복적으로 기득권층에 의해 재생산됐습니다. 학계 또한 이러한 시각을 상당 부분 공유하고 있습니다.

냉전 연구의 대표적인 학자 존 루이스 개디스John Lewis Gaddis는 냉전의 기원을 1917년 볼셰비키 혁명에서 찾습니다. 그는 이 혁명을 '자본주의 체제 자체의 존속을 위협한 심각하고도 광범위한 개입'이었다고 분석하며, 이는 '서방에 국한되지 않고 전 세계 대부분 국가의 내정에 영향을 끼친 소련 정부의 중대한 개입'이었다고 덧붙입니다. 랜싱이 우려했던 핵심도 바로 이것이었습니다. 전 세계의 노동계급이 이 혁명에 주목하고, 영향을 받아 행동에 나설 가능성, 정책 설계에서 자주 언급되는 '도미노 효과'에 대한 두려움이었죠. 개디스는 결국 미국을 포함한 서방의 러시아 개입을, 이러한 '용납할 수 없는 도전'에 대한 정당한 방어 조치로 해석합니다. 이는 오늘날 자주 언급되는 '규칙 기반 국제 질서'라는 개념으로 이어지며, 그 질서 속에서 규칙을 정하는 주체는 바로 미국입니다.

개디스는 1945년 미 국방성이 언급한 개념, 즉 '논리적인 비논리성'에 기대고 있습니다. 이는 전후 미국이 세계 대부분을 지배하고, 러시아를 군사적으로 포위하려는 계획을 뜻하는데, 동시에 상대국에는 그런 권리를 전혀 인정하지 않는 태도를 포함하고 있죠. 얼핏 보면 이처럼 이중적인 논리는 비논리적으로 보일 수 있지만, 국방부는 그 안에 나름의 정합성과 전략적 논리가 존재한다고 봅니다. 다만 좀 더 냉소적인 시각에서는 이를 '제국주의'라고 부르기도 하죠.

오늘날에도 이 '논리적인 비논리성'이라는 궤변은 여전히 유지되고 있습니다. 미국은 유라시아로부터 스스로를 '방어'한다는 명분으로 러시아 국경까지 나토라는 공격적 군사 동맹을 확장하고 있으며, 유라시아의 동쪽에서는 중국을 포위하기 위해 고정밀 무기를 배치한 '감시 국가들'을 배치하고 있습니다.

여기에 더해 중국을 노골적으로 겨냥한 대규모 해군 훈련인

림팩RIMPAC을 통해 전방위적 압박을 가하고 있죠.

이러한 전략은 우리가 앞서 논의했던 클린턴 페르난데스가 '하위 제국주의'라고 부른 호주와의 협력 속에서 벌어지는 더 넓은 포위 구도의 일환이기도 합니다. 이러한 압박은 오히려 중국이 포위를 벗어나기 위해 해상 진출을 시도하고, 그 목적으로 대만에 대한 군사적 행동을 감행하도록 유도할 가능성을 키우고 있습니다. 물론 상대방에게 동일한 권리가 허용될 리는 없습니다. 바로 이것이 이른바 '논리적인 비논리성'의 핵심입니다.

미국을 비롯한 강대국들은 언제나 자신들의 행동을 '자기방어'라고 주장합니다. 그러나 역사상 스스로 '우리는 침략하러 간다'고 솔직히 밝힌 세력이 과연 있었을까요? 혹시 있다면, 누가 좀 알려줬으면 합니다.

중국에 대한 두려움은 훨씬 더 본능적인 수준에서 비롯되며, 이는 미국 사회가 태생적으로 품고 있던 뿌리 깊은 인종차별과 무관하지 않습니다. 19세기, 중국인들은 사실상 노예나 다름없는 노동자로 납치되어 철도 건설에 동원되었습니다. 이는 미국이 자국의 '자연스러운 국경선'을 서쪽으로 확장하는 과정에서 벌어진 일이었죠. 이들에게 붙여진 모욕적인 호칭 '쿨리coolie'는 본래 영국에서 유래한 단어로 당시 영국도 중국인 노동자를 노예처럼 부리며 제국의 부를 축적했습니다.

　미국에 정착하려던 중국인들은 심각한 인종차별적 공격에 시달렸고, 결국 1882년에는 10년간 중국인 노동자의 입국을 금지하는 '중국인 배척법'이 제정되었습니다. 이어 1924년에는 더 노골적인 인종차별적 이민법이 시행되어 중국인의 입국 자체가 전면 금지되었죠. 이 법은 주로 이탈리아계와 유대인을 겨냥한 것이기도 했는데, 그 결과 수많은 유대인이 미국 입국을 거부당했고, 이는 훗날 많은 이가 가스실로 내몰리는 비극적 결과로 이어졌습니다.

　1950년대, 중국이 더글러스 맥아더 장군의 군대를 한국전쟁에서 충격적으로 패퇴시키자 미국 사회에서는 이른바 '황화론' 히스테리가 다시 고개를 들었습니다. 이 같은 두려움은 이후에도 다양한 방식으로 반복됐죠. 예컨대, 린든 존슨 대통령은 만약 우리가 베트남에서 '그들'을 막지 못하고 공군 우위를 확보하지 못한다면, '그들'은 우리를 덮치고 우리가 가진 모든 것을 빼앗아 갈 것이라고 경고했습니다.

　한편, 의회가 공화당이 초래한 교착 상태를 뚫고 붕괴 중인 인프라와 핵심 산업인 반도체 분야를 재건하기 위한 법안을 통과시킨 이유도 어디까지나 미국의 필요 때문이 아니라 '중국의 도전'이라는 외부 위협에 대응하기 위한 것이었습니다.

　우리의 생존을 당장 위협하는 적은 현재로서는 러시아입니다. 미 하원 정보위원회 위원장 아담 쉬프는 '우리가 우크라이나에서 러시아를 막지 못하면, 그들은 결국 미국 본토까지 공격해 올 것'이라고 경고합니다. 그런데 이런 발언은 단지 외교적 수사가 아니라 미국 사회에 깊이 뿌리내린, 공포를 자극하고 동원하는 문화적 병리의 한 단면을 드러내는 것이기도 합니다.

미국은 늘 '무서운 적'들에 둘러싸여 있다고 믿어 왔지만, 그 중에서도 '이교도 중국인'은 유독 특별한 공포를 불러일으켜 왔습니다.

이제 부자들의 것을 빼앗으려는 가난한 자들에 대한, 일면 이해할 수도 있는 두려움을 잠시 접고 21세기의 세계 질서와 제국주의, 그리고 부상하는 중국을 둘러싼 미국과 영국의 깊은 지정학적 불안으로 주제를 옮겨보겠습니다.

세계 지배를 경험했던 우리의 선배 국가, 영국의 사례를 떠올려보는 것도 의미 있습니다. 유럽 대륙 해안에 자리한 섬나라 영국은 유럽 대륙이 영국의 영향력 밖에서 강력한 단일 세력으로 통합되는 것을 막는 데 외교 전략의 초점을 맞춰 왔습니다. 이와 유사한 방식으로 훨씬 더 확장된 형태이긴 하지만, 미국과 그 영향력이 미치는 서반구 전체를 유라시아 대륙 가장자리에 있는 하나의 '섬'처럼 바라볼 수 있습니다. 이러한 구도는 세계 지배 전략의 핵심적인 이론적 토대로 작용하며, 현대 지정학의 창시자 중 한 명인 해퍼드 매킨더Halford Mackinder의 '심장부 이론'에 근거를 두고 있습니다. 이 이론은 오늘날에도 세계 전략가들 사이에서 다시금 주목받고 있습니다.

그 논리를 제국주의 시기의 영국에서 미국으로 확장해 보면, 미국 역시 '심장부' 즉, 유라시아 대륙 중심부가 독립적인 세력으로 통합되는 것을 막으려 할 것이라는 점은 충분히 예측 가능합니다. 이런 맥락에서 보면 심장부의 서쪽 끝인 러시아와 동쪽 끝인 중국 주변에서 미국이 펼치고 있는 '자기방어' 작전들도 좀 더 설득력 있게 이해됩니다.

유라시아 중심의 통합을 둘러싼 갈등은 제2차 세계대전 이후의 역사에서 매우 중요한 주제였습니다. 냉전 시기에는 러시아를 포함한 통합된 유럽을 구상하려는 몇몇 유럽 내 움직임도 있었죠. 그런 유럽은 세계 정치에서 미국과는 별개의 독립적 세력으로 자리매김할 수도 있었을 것입니다. 대표적인 사례로는 프랑스의 샤를 드골Charles de Gaulle이 주창한 구상이 있고, 독일 내에서도 유사한 목소리가 존재했죠. 하지만 이러한 시도들은 결국 좌절되었으며, 미국이 주도하는 나토 중심의 대서양 체제가 유럽 내에서 우위를 점하게 되었습니다.

소련 붕괴 이후, '심장부의 통합'이라는 주제가 다시금 중요한 이슈로 부상했습니다. 미하일 고르바초프는 '리스본에서 블라디보스토크까지 이어지는 공동 유럽의 집'이라는 비전을 제안했죠. 그는 러시아와 옛 소련권 국가들이 사회민주주의 체제로 전환하고, 미국과 대등한 파트너십을 기반으로 갈등이 아닌, 협력 중심의 새로운 세계 질서를 만들어가기를 기대했습니다. 이는 역사학자 리처드 사크와Richard Sakwa가 심층적으로 다룬 주제이기도 합니다.

예상대로 유라시아 연안을 따라 자리한 '섬나라' 미국은 이러한 유라시아 통합 움직임에 강하게 반발했습니다. 냉전 시기에는 '소련이 세계를 정복하려 한다'는 당시의 지배적인 인식과 힘의 균형 속에서 이런 시도들이 큰 위협으로 받아들여지지는 않았지만, 소련 붕괴 이후 상황은 달라졌습니다. 미국은 일시적인 초기 혼란을 거친 뒤 곧 '대서양 권력 체계 확대'라는 전략을 채택했고, 그 체계 안에서 러시아는 종속적인 위치에 놓이게 되었습니다.

푸틴 집권기에도 러시아는 미국과의 대등한 파트너십을 제안하려는 시도를 이어갔지만, 최근 들어 그와 같은 제안은 완전히 배제되고 말았죠. 사크와는 이를 두고 "그러한 제안들은 대서양주의 권력 체계의 지속적인 지배를 신념으로 여기는 이들에게는 혐오스러운 것이었다."라고 말합니다.

푸틴의 우크라이나 침공은 프랑스와 독일이 시도한 미온적 중재마저 외면한 채 단행된 것으로 비극적인 범죄였으며, 적어도 현재로서는 하나의 뚜렷한 결과를 낳았습니다. 유럽은 대서양주의 노선에 굴복한 상태이며, 우크라이나와 그 너머에서 어떤 대가를 치르더라도 '러시아를 심각하게 약화시키겠다'는 미국의 공식 전략을 받아들인 것이죠.

현재 시점에서는 이렇습니다. 만약 유럽과 러시아 간의 통합이 이뤄지지 않는다면, 독일을 중심으로 한 유럽과 러시아 모두 점차 쇠퇴할 가능성이 큽니다. 방대한 천연자원을 보유한 러시아는 결국 중국 주도의 대규모 유라시아 개발 프로젝트인 '일대일로'에 더 깊이 편입될 가능성이 높습니다. 이 프로젝트는 이미 아프리카를 넘어 라틴아메리카까지 영향력을 넓혀가고 있죠. 유럽이 일대일로 체제에 끌리는 유혹은 현재도 강하지만, 앞으로는 더욱 강력해질 것으로 보입니다.

네덜란드에서 러시아의 옛 동유럽 위성국들까지 이어지는 독일 중심의 통합 생산 시스템은 세계에서 가장 성공적인 경제 모델 중 하나로 평가받고 있습니다. 이 시스템은 중국이라는 거대한 수출 시장과 투자 기회, 그리고 재생에너지 전환에 필수적인 희귀 금속을 포함한 러시아의 자원에 크게 의존하고 있죠.

이 모든 것, 즉 중국과의 경제 협력, 러시아 자원에 대한 접근, 그리고 세계적으로 확장되고 있는 일대일로 네트워크를 포기한다는 것은 단지 워싱턴의 영향권에 머무르기 위해 감수해야 할 대가치고는 결코 가볍지 않습니다. 이러한 요소들은 코로나 팬데믹과 러시아의 우크라이나 침공 이후 새롭게 재편되고 있는 국제 질서 속에서 결코 무시될 수 없는 문제입니다. '공동의 유럽의 집'이라는 구상이 유라시아 통합을 통해 실현될 수 있을지는, 결국 더 근본적인 구조적 문제 속에 놓여 있습니다. 그리고 이 구조는 단 한순간도 잊혀서는 안 되는 교훈을 내포하고 있죠. 바로 강대국들이 협력하여 점점 더 가시화되는 전 지구적 위협에 맞서지 않는다면, 그들은 결국 함께 파멸로 향하게 될 것이라는 점입니다.

오늘날처럼 격렬한 적대 관계가 지속되는 상황에서는 강대국 간의 협력이 가능하다는 상상조차 불가능하게 느껴질 수 있습니다. 그러나 그것이 결코 실현 불가능한 이상은 아닙니다. 1945년 당시에도 프랑스, 독일, 영국, 그리고 더 작은 유럽 국가들이 국경 없는 서유럽에서 공동의 제도를 구축하고 협력하게 되리라고 상상하는 일은 오늘날 우리가 직면한 상황만큼이나 비현실적으로 보였죠. 물론 이들 국가 내부에도 문제는 존재하며, 영국은 최근 유럽연합을 탈퇴함으로써 스스로 어쩌면 쇠퇴해가는 미국의 위성국이라는 위치를 자초했습니다.

그럼에도 수 세기 동안 반복되었던 잔혹한 상호 파괴의 역사, 특히 20세기에 정점을 찍었던 전쟁을 떠올려본다면, 이는 놀라운 반전이라 할 수 있습니다. 이와 관련해 사크와 Richard Sakwa는 "한 세대에게는 슬픈 망상에 불과했던 것이 다음 세대에게는 현실적이고 필수적인 프로젝트가 된다."라고 말했습니다. 바로 그와 같은 변화가 오늘날의 혼란과 폭력 속에서도 살 만한 세상을 만들어 내는 데 반드시 필요하다는 점을 우리는 잊지 말아야 할 것입니다.

C. J. 폴리크로니우

▏러시아의 우크라이나 침공 이후, 중국과 러시아 간의 관계는 더욱 밀착되었지만, 이 동맹에는 분명 일정한 한계도 존재하겠죠. 어쨌든 이 두 권위주의 국가 간의 전략적 협력은 단순히 미국의 권력과 영향력을 견제하려는 목적 외에 다른 동기가 있는 걸까요? 그리고 미국은 냉전 시기와 마찬가지로 중국과 러시아 사이에 존재할 수 있는 잠재적인 긴장이나 균열을 전략적으로 활용할 수 있을까요?

─ 노엄 촘스키

▏냉전 시기의 사례는 많은 점을 시사합니다. 러시아와 중국이 실제로 전쟁 직전까지 갈 정도로 관계가 악화했을 때조차 미국은 '중소 동맹'이라는 허구의 위협을 끊임없이 부각시켜 왔습니다. 비슷한 사례는 북베트남에서도 찾아볼 수 있습니다.

북베트남 지도자들은 진짜 위협은 중국이라고 인식하고 있었습니다. 미국은 막강한 군사력으로 베트남을 파괴할 수는 있었지만, 결국 떠날 존재였습니다. 반면, 중국은 지리적으로 늘 가까이에 있는 항구적인 위협이었죠. 그러나 미국의 전략가들은 이런 경고에 귀 기울이지 않았습니다. 키신저의 외교는 뒤늦게야 이 현실을 인지하고 중-러 갈등을 전략적으로 활용하려 했지만, 저는 그 경험이 오늘날의 상황에 직접적인 교훈이 되지는 않는다고 봅니다. 현재의 정세는 그때와는 사뭇 다르기 때문이죠.

푸틴과 그의 측근들은 러시아가 대서양주의 체제와 중국 중심의 세계 질서 사이에서 독립적인 세력권, 즉 '러시아권'을 구축하길 희망하는 것으로 보입니다. 그러나 이런 구상이 실현될 가능성은 작아 보이고, 현실적으로는 중국이 러시아를 하위 파트너로 받아들이는 방향이 더 유력합니다. 러시아는 원자재, 첨단 무기, 과학 인재 등을 공급하는 역할을 하게 될 것이며, 그 이상을 요구받을 수도 있겠죠.

대서양주의 국가들과 그에 연계된 아시아 내 하위 제국주의 동맹국들은 세계 무대에서 점점 고립되고 있습니다. 글로벌 사우스 국가들 대부분은 러시아에 대한 제재에 동참하지 않거나, 상업 및 외교 관계를 끊지 않은 채 관망하는 태도를 보이고 있습니다. 중국은 내부적으로 여러 문제를 안고 있지만, 대외적으로는 막대한 규모의 개발·투자·대출 프로그램을 펼치고 있고, 국내에서도 기술 발전을 지속하고 있습니다. 특히 지속 가능 에너지 분야에서는 세계를 선도하는 위치에 있으며, 최근에는 세계를 놀라게 할 정도로 첨단 반도체를 개발했죠. 아직 상업적 대량 생산에는 시간이 걸리겠지만, 이 반도체는 현대 첨단 경제의 핵심 중 하나입니다.

물론 불확실한 요소는 많지만 이러한 흐름은 계속될 가능성이 커 보입니다. 만약 변화가 있다면, 그것은 독일을 중심으로 한 유럽이 더 이상 대서양주의 체제에 종속됨으로써 발생하는 손해를 감내하지 않으려 할 때일 것입니다. '공동의 집으로서의 유럽'이 제공하는 이점은 점점 더 매력적으로 비칠 수 있으며, 이는 세계 질서의 판도를 크게 뒤흔드는 계기가 될 수도 있습니다.

C. J. 폴리크로니우

중국, 러시아, 미국 모두가 인도의 관심을 끌기 위해 경쟁하고 있는 상황입니다. 인도는 강력한 중-러 파트너십에 대해 우려할 만한 요인이 있을까요? 쿼드[5]는 인도-태평양 지역에서의 사명과 목표를

---

5   **쿼드** 미국, 일본, 호주, 인도 4개국이 주도하는 국제협의체

달성하는 데 있어 인도의 확고한 협력을 믿고 의존할 수 있을까요?

─ 노엄 촘스키

▥ 인도의 외교 정책을 논하기에 앞서 우리가 반드시 기억해야 할 중대한 사실들이 있습니다. 현재 남아시아는 심각한 재난에 직면해 있습니다. 여름철 폭염은 이미 빈곤층 다수에게 사실상 생존이 어려운 수준에 이르렀고, 상황은 앞으로 더욱 악화될 전망입니다. 인도와 파키스탄은 기후 위기와 점점 고갈되어 가는 수자원 문제에 대해 공동으로 대응할 수밖에 없는 상황입니다. 하지만 양국은 오히려 서로에게 승산 없는 군비 경쟁에 귀중한 자원을 소모하고 있죠. 특히 파키스탄에는 이 경쟁이 감당할 수 없는 부담이 되고 있습니다.

두 나라 모두 내부적으로도 심각한 문제를 안고 있습니다. 인도의 경우, 모디 총리는 인도의 세속적 민주주의 전통을 허물려는 운동을 주도하고 있습니다. 물론 인도의 세속주의가 완전무결했던 것은 아니지만, 그것은 탈식민 시대 인도의 위대한 성취 중 하나였죠. 그러나 모디가 이끄는 방향은 인종주의적 힌두 민족국가를 건설하는 데 뚜렷한 목적이 있습니다.

그는 유사한 성향의 국가들과 쉽게 어울리는 인물입니다. 예를 들어, 헝가리, 이스라엘, 아브라함 협정 참여국들과 잘 맞고, 이 국가들은 미국 공화당의 핵심 세력들과도 밀접하게 연결되어 있죠. 또 하나 중요한 문제는 인도가 카슈미르 지역에서 가혹한 탄압을 자행하고 있다는 사실입니다. 카슈미르는 세계에서 가장 군사화된 지역 중 하나로 꼽히며, 그곳에서의 억압은 매우 심각하죠. 모디 정부는 사실상 외국 영토를 불법 점령하고 있다는 점에서 이스라엘이나 모로코와 유사한 사례로 볼 수 있습니다. 그런 점에서 모디는 아브라함 협정의 또 다른 당사자로도 손색이 없을 만큼 '범죄적 합병과 점령'이라는 틀 안에서 유사한 정치 노선을 걷고 있는 셈입니다.

이 모든 상황은 인도의 국제 관계를 둘러싼 중대한 문제들을 논의할 때 꼭 고려해야 할 중요한 배경이 됩니다. 현재 인도는 매우 미묘한 외교적 균형을 유지하려 하고 있습니다. 러시아는 여전히 인도의 최대 무기 공급국이고, 중국과는 오랜 국경 분쟁을 이어오고 있으며 그 갈등은 점점 격화되고 있죠. 따라서 러시아와 중국 간 동맹이 강화되는 것을 인도가 우려하는 것은 당연합니다.

미국이 주도하는 쿼드는 중국을 견제하려는 전략의 핵심축이지만, 인도는 이 구도 속에서 하위 제국의 역할을 완전히 수용하지 않으려 하며, 다소 신중하고 미온적인 태도를 보이고 있습니다. 쿼드의 다른 회원국들과는 달리 인도는 글로벌 사우스의 관점을 공유하며 우크라이나 전쟁을 미국과 러시아 간의 대리전쟁으로 보고, 이에 깊이 개입하는 것을 꺼리고 있습니다. 하지만 그렇다고 해서 인도가 미국과의 관계를 지나치게 악화시킬 수도 없습니다. 특히 신흥 공화당 주도의 반동적 국가 연합 구도 안에서 미국은 인도에 '자연스러운 동맹국'으로 여겨지기도 하니까요. 전체적으로 보자면, 남아시아가 직면한 막대한 내부 문제들을 제쳐두더라도 인도의 외교는 여러 지정학적 이해관계가 충돌하는 매우 복잡한 지형 위에 놓여 있습니다.

C. J. 폴리크로니우

▥ 미국은 현재 정치적·사회적 혼란 속에 있으며, 어쩌면 역사적인 변곡점에 다다른 것일 수도 있습니다. 최근 몇 년 동안 미국의 세계적 영향력은 약화하고 있고, 자국의 제도들은 어두운 반동 세력의 심각한 공격을 받고 있죠. 특히 미국의 민주주의는 급속히 약화되고 있으며, 2024년 도널드 트럼프가 재집권할 경우 연방정부의 구조를 근본적으로 바꾸려는 급진적인 계획에 관한 이야기까지 나오고 있습니다.

이러한 제국주의적 확장이 미국 사회 내부의 쇠퇴에 어느 정도 영향을 미쳤다고 보시나요? 또한 국내 정치가 외교 정책 결정에 미치는 영향은 얼마나 크다고 보십니까? 쇠퇴하는 미국은 세계 평화와 안보에 더 큰 위협이 될까요, 아니면 오히려 그 위협이 줄어들게 될까요?

― **노엄 촘스키**

|||| 수십 년 동안 미국의 쇠퇴에 관한 이야기는 끊임없이 이어져 왔고 어느 정도 사실이기도 합니다. 미국 권력의 정점은 1945년이었죠. 그때는 역사상 유례가 없을 정도로 압도적인 권력을 누렸습니다. 하지만 그런 지위가 오래 유지될 수는 없었고 이후 점진적인 쇠퇴가 이어졌어요. 그럼에도 일부 지표를 보면 미국의 영향력은 여전히 그 시기와 비슷한 수준을 유지하고 있기도 합니다. 예컨대, 션 켄지 스타Sean Kenji Starr는 초국적 기업들이 부를 통제하는 방식에 관한 중요한 연구에서 이러한 점을 잘 보여 주고 있죠. 물론 이 주제는 더 넓은 맥락에서 길게 논의할 수 있지만, 지금은 질문하신 더욱 구체적인 사안에 집중해 보죠.

최근 들어 나타난 미국의 쇠퇴는 주로 내부로부터 비롯된 충격에서 기인하고 있습니다. 그리고 그 충격은 매우 심각해요. 이를 보여 주는 한 가지 핵심 지표는 사망률입니다.

한 연구의 제목은 이렇습니다. 〈미국은 코로나 이전부터 이미 조기 사망 위기에 처해 있었다〉 이 연구는 팬데믹 이전부터 미국에서는 다른 선진국들보다 훨씬 더 많은 사람이 어린 나이에 사망하고 있었음을 보여 주고 있습니다. 이러한 통계는 충격적이며, 백인 노동 계층의 '절망으로 인한 죽음' 현상을 훨씬 뛰어넘습니다. 그러한 현상은 전쟁이나 전염병이 아닌 이상 좀처럼 나타나지 않는, 노동 연령대 백인들의 사망률이 증가하는 전례 없는 양상으로 이어졌습니다. 이는 미국 사회가 레이건과 부시, 클린턴, 그리고 그 뒤를 이은 정권들 아래에서 신자유주의적 공세 속에 정치적·사회경제적으로 점진적으로 무너져 왔다는 점을 보여 주는 분명한 증거 가운데 하나입니다.

미국 민주주의의 마지막 남은 기반마저 무너뜨리기 위한 '급진적 계획'은 11월 선거를 불과 며칠 앞두고 발표되었지만, 이후 벌어진 혼란 속에서 빠르게 잊혔습니다.

이 계획은 최근 매체 《악시오스Axios》의 탐사 보도를 통해서 비로소 다시 주목받게 되었죠. 그 핵심은 민주주의가 제대로 기능하기 위해 필수적인 비정치적 공무원 조직(19세기 이후 쌓아 온 제도적 기반)을 뒤엎으려는 데 있었습니다. 트럼프, 혹은 '그분'이라 불러야 할지도 모르겠습니다만, 그는 고위 공직자들을 충성파 인물로 교체할 수 있도록 하는 행정명령을 발동했습니다. 이는 강력한 정당과 절대 권력을 손에 쥔 최고 지도자가 사회 전반을 장악하는 파시즘적 이상 국가의 구축을 향한 한 걸음이었습니다.

바이든 대통령은 이후 이 행정명령을 폐지했으며, 민주당은 이러한 민주주의에 대한 직접적인 공격을 금지하기 위한 법안을 추진 중입니다. 그러나 공화당은 이에 협조할 가능성이 작습니다. 소수 정당임에도 불구하고 현재 진행 중인 여러 반동적 전략이 성공을 거둘 것이라는 기대 때문입니다. 그럼에도 반동적 성향의 로버츠 대법원이 이 법안에 대해 긍정적인 판단을 내릴 가능성은 존재합니다.

더 심각한 사태가 벌어질 가능성도 있습니다. 미국 대법원은 최근 무어 대 하퍼 사건(주 의회의 독립적인 권한 부여를 위한 싸움)이라는 실로 터무니없는 사건을 심리하기로 했습니다. 만약 이 사건에서 대법원이 공화당 측 주장을 받아들인다면, 대부분 공화당이 장악한 주 의회들이 주민들의 투표 결과를 무시하고 자신들에게 충성하는 선거인단을 직접 임명할 수 있는 권한을 갖게 됩니다. 이 주장은 '독립적 주 의회 이론'에 기반하고 있는데 헌법적 근거가 전혀 없는 것은 아니지만, 그 내용이 너무 황당해 오랫동안 아무도 진지하게 다루지 않았던 것입니다.

그러나 이제는 이야기가 다릅니다. 공화당이 유권자의 뜻과 무관하게 집권을 유지하려는 위험한 전략을 점점 더 노골적으로 밀어붙이고 있기 때문이죠. 공화당의 민주주의 훼손 시도는 제국주의적 과잉 확장의 결과로 보기는 어렵습니다. 이 움직임의 성격과 근원에 대해서는 이미 유용한 학문적 연구들이 다수 존재하며, 그 원인은 대체로 권력을 장악하려는 의도에 있는 것으로 분석됩니다.

이러한 공화당의 흐름이 외교 정책에 어떤 영향을 미칠지는 아직 불확실합니다. 트럼프는 방향성 없이 움직이는 예측 불가능한 인물로 머릿속에는 '나 자신' 외에는 뚜렷한 원칙이 없습니다. 그는 다른 이들이 어렵게 쌓아 올린 성과를 파괴하려는 경향이 강하지만, 단 하나의 원칙만큼은 일관되게 지켜 왔죠. 그것은 바로 초부유층과 기업 권력을 더욱 부유하게 만드는 것입니다. 단, 그 기업들이 그의 '존엄한 위엄'을 비판하지 않는다는 전제하에서요. 공화당 내 경쟁자들은 그의 대중적 영향력을 두려워해 사실상 아무 말도 하지 못하는 상황입니다.

세계 평화와 안보라는 측면에서 보자면, 트럼프는 인류 생존을 위협하는 두 가지 중대한 문제, 환경 파괴와 핵전쟁 위험을 악화시키는 데 큰 역할을 했습니다. 그는 기후 재앙을 막기 위한 파리 기후협약에서 탈퇴했고, 국민의 건강을 보호하기 위한 환경 규제를 폐지하려 했습니다. 또한 조지 W. 부시 행정부 시절부터 이어져 온 공화당의 핵무기 정책을 계승하며, 어렵게 구축된 군비 통제 체제를 해체했죠. 여기에 더해 유엔 안전보장이사회가 승인한 이란 핵협정을 일방적으로 파기해 국제 안보 위기를 더욱 고조시켰습니다.

트럼프가 특정 사안에 대해 어떤 행동을 할지는 누구도 예측할 수 없습니다. 어쩌면 막 방금 폭스뉴스에서 본 내용을 그대로 따를지도 모르죠. 그런 인물에게 세계의 미래가 다시 맡겨질 수도 있다는 사실은 믿기 어려울 지경입니다. 해야 할 중요한 과제들이 산적해 있음에도 말입니다.

* 노엄 촘스키 *

이념보다 현실, 미국 외교의 진짜 얼굴

2022년 7월 15일

C. J. 폴리크로니우

▦ 조 바이든 행정부의 외교 정책은 도널드 트럼프 시절의 그것과 별다른 차이를 보이지 않고 있습니다. 실제로 바이든 대통령이 취임한 지 얼마 지나지 않아 노엄 당신께서도 이 점을 지적하신 바 있지요?

대선 후보 시절 바이든은 언론인 자말 카슈끄지의 살해 사건 이후 사우디아라비아를 왕따 국가로 규정하며 강경한 태도를 보였습니다. 하지만 정작 대통령이 된 이후에는 그 살해 사건의 실질적 배후이자 폭압적인 지도자인 무함마드 빈 살만과의 관계를 회복하려는 모습을 보이고 있습니다. 이러한 정황들을 고려할 때, 바이든 대통령이 사우디아라비아를 방문하려는 목적은 무엇이라고 보시나요?

노엄 촘스키

《워싱턴포스트》 기자를 잔인하게 암살한 일은 명백한 잘못이었습니다. 게다가 그는 2018년 《타임》지 '올해의 인물' 중 한 명으로 선정되며 '진실의 수호자'로까지 불린 인물이었죠. 그 사건은 분명히 용납될 수 없는 행위였습니다. 특히 암살이 지나치게 허술하고 조심성 없이 자행되어 은폐조차 제대로 이루어지지 않았다는 점에서 더욱 충격적이었습니다. 그러나 인권 유린이 끊이지 않고 있음에도 불구하고 '사우디아라비아'라는 이름의 이 왕정 국가와 미국 간의 관계는 줄곧 우호적으로 유지되어 왔습니다. 사실 이는 그리 놀라운 일도 아닙니다.

1940년대 중반, 미국 국무부는 사우디아라비아를 '전략적 권력의 놀라운 원천이자 세계 역사상 가장 위대한 물질적 보물 중 하나이며, 어쩌면 해외 투자 대상 중 세계에서 가장 부유한 경제적 자원'이라고 묘사한 바 있습니다. 이는 제2차 세계대전 중 미국이 영국과 벌인 일종의 '소규모 전쟁' 끝에 이 지역에 대한 영향력을 장악하던 시기의 평가였지요. 좀 더 일반적으로 말하자면, 중동은 수십 년간 고위급 정책결정자들에 의해 '세계에서 가장 전략적으로 중요한 지역'으로 평가했습니다. 아이젠하워 대통령도 그렇게 말했죠. 이후 80년 동안 이러한 인식에 약간의 변화는 있었지만, 그 근본적인 평가 자체는 크게 달라지지 않았습니다.

사우디아라비아만큼 인상적인 수준에 이르지 못한 국가들에 대해서도 사정은 마찬가지입니다. 미국은 자국의 편의에 따라 잔혹한 독재자들을 정권 말기까지 강력히 지지해 온 역사가 있습니다. 예를 들면, 페르디난드 마르코스, 프랑수아 뒤발리에 니콜라에 차우셰스쿠, 수하르토, 그리고 사담 후세인까지 포함됩니다. 사담 후세인은 한때 미국의 지지를 받았지만, 쿠웨이트를 침공하면서 관계가 틀어졌습니다. 물론 이러한 행보는 미국만의 일은 아닙니다. 미국은 제국주의 선배들의 발자취를 그대로 따라간 것뿐이죠. 새로울 것도 없고, '선의의 의도'라는 외교적 수사 역시 마찬가지로 전혀 새롭지 않습니다. 겉보기에 선의로 포장된 외교는 오히려 가장 위선적인 행위일 수 있습니다. 헨리 키신저처럼 처음부터 냉소적이고 현실주의적인 태도를 보이는 인물보다 인권을 내세우면서도 실제로는 폭력과 학살을 묵인하거나 조장한 경우가 훨씬 더 큰 모순이라 할 수 있죠.

이 점에서 교훈적인 사례는 정치학자 로버트 패스터Robert Pastor가 들려준 이야기에서 확인할 수 있습니다. 그는 지미 카터 행정부가 인권을 중시하는 정부였음에도 불구하고, 왜 부패와 억압으로 악명 높았던 니카라과의 독재 정권, 소모사 가문을 마지못해 지원할 수밖에 없었는지를 설명합니다. 결국 그조차도 어려워지자 미국은 자국이 훈련시킨 국가경비대를 유지하려 했습니다. 그런데 이들은 적이 아닌 자국민을 상대로 '보통은 외적에게나 사용하는 수준의 잔혹한 수단'을 동원해 대학살을 자행했고, 그 결과 약 4만 명이 목숨을 잃었습니다.

카터 행정부 시절, 중남미 문제를 담당했던 전문가이자 진보적 학자로 평가받는 로버트 패스터는 당시 상황에 대해 진심으로 안타까움을 느꼈을 것입니다. 실제로 그는 그 이유를 다음과 같이 통찰력 있게 설명했습니다.

> "미국은 니카라과나 중남미의 다른 국가들을 직접 통제하길 원했던 것은 아니었습니다. 그러나 동시에, 그 지역의 상황이 미국의 통제 범위를 벗어나는 일 역시 바라지 않았습니다. 미국은 니카라과 국민들이 자주적으로 행동하길 원했지만, 단 그 행동이 미국의 이익을 침해하지 않는 한에서만 그랬던 것이죠."

요컨대, "우리는 니카라과 국민들이 자유롭게 행동하길 바랍니다. 다만 우리가 바라는 방식으로 말이죠." 사우디아라비아에 대해서도 마찬가지입니다. 미국은 사우디가 좀 더 '예의 있는' 행동을 하기를 바라지만, 그것은 어디까지나 부차적인 문제입니다. 현실적인 우선순위가 있기 때문입니다.

바이든 대통령의 사우디 방문 목적 역시 '우선순위'와 관련이 있습니다. 아마도 그는 무함마드 빈 살만을 설득해 원유 생산량을 늘리고, 그로써 미국 내 치솟는 유가를 안정시키려는 노력을 이어가려 할 것입니다. 물론 다른 대안도 존재합니다. 예를 들어, 천문학적인 이익을 거두고 있는 화석연료 기업들에 '횡재세'를 부과하고, 그 세수를 지난 40여 년간의 신자유주의적 계급 전쟁 속에서 착취당해 온 대다수 국민에게 재분배하는 방식이 있죠. 이 계급 전쟁은 상위 1%에게 약 50조 달러의 부를 이전시켜 왔습니다. 하지만 그런 방식은 정치적으로 불가능한 일입니다.

정치 엘리트들의 계산 속에서 기후 재앙을 막기 위해 지금 당장 화석연료라는 독성 자원의 흐름을 급격히 차단하는 현실적 조치는 훨씬 더 '정치적으로 불가능한' 일로 여겨집니다.

바이든 대통령의 중동 순방에는 더욱 광범위한 지정학적 고려들이 포함되어 있습니다. 그중 하나는 트럼프 행정부가 성사시킨 유일한 주요 외교 성과인 '아브라함 협정'을 더욱 공고히 하는 일입니다. 이 협정은 중동-북아프리카 지역 내 가장 잔혹하고 범죄적인 정권들 사이에 은밀히 유지되던 관계를 공식적인 동맹 수준으로 격상시켰습니다. 표면적으로는 '평화'와 '번영'에 기여한 협정으로 널리 환영받았지만 모두가 환호한 것은 아니었습니다. 예컨대, 사하라 지역의 사라위Sahrawi 사람들은 이 합의의 대상에서 철저히 배제됐습니다. 모로코가 협정에 참여하도록 유도하는 대가로 사라위 사람들은 모로코의 독재 정권에 사실상 넘겨졌던 셈이죠. 이 과정은 국제법 위반이 분명했지만, 미국과 그 동맹국들이 강조하는 '규칙 기반의 국제 질서'에는 오히려 부합하는 일이었습니다. 그것은 유엔 중심의 '구시대적이고 더 이상 용납할 수 없는' 질서와는 명백히 다른 방향이었죠.

사라위 사람들은 이제 팔레스타인인들, 그리고 시리아의 드루즈Druze 공동체와 같은 처지에 놓였다고 볼 수 있습니다. 이들 모두 자국 영토가 이스라엘에 의해 강제로 병합되는 경험을 했으며, 이는 유엔 안전보장이사회가 만장일치로 채택한 결의안에도 명백히 위배되는 행위였습니다. 그럼에도 불구하고 미국은 현재 이러한 병합을 사실상 승인한 상태입니다. 또한 사라위 사람들은 공식적으로 병합되지 않은 지역에서조차 이스라엘의 불법적이고 잔혹한 점령하에 고통받고 있는 팔레스타인인들을 비롯한 다른 '비인간 취급당하는 존재들'과 운명을 함께하게 되었습니다.

이러한 외교적 성과는 바이든 대통령의 중동 순방에서 또 하나의 업적으로 찬양될 수는 있겠지만, 그 실상이 투명하게 드러나는 방식으로 소개되지는 않을 것입니다.

C. J. 폴리크로니우

▎ 이스라엘은 아마도 전 세계에서 유일하게 조 바이든 대통령의 지지율이 도널드 트럼프 전 대통령보다 낮게 나타나는 나라일지도 모르겠습니다. 또 바이든 대통령은 벤야민 네타냐후 전 총리와의 관계에서도 여러 곤란한 순간을 겪은 바 있죠.

이런 배경을 고려할 때, 이번 방문이 미국의 지지를 재확인하고 양국 간 동맹의 지역 내 역할을 강화하려는 목적 외에 또 다른 외교적 목표가 있는 것인지 궁금합니다. 특히 중동 순방 직전, 시린 아부 아클레 기자 피살 사건에 대해 미국 정부가 이스라엘을 사실상 옹호하는 듯한 태도를 보였다는 점도 주목할 만합니다.

― 노엄 촘스키

▎ 카슈끄지 사건과 마찬가지로 시린 아부 아클레 기자 피살 사건에 대한 대응 역시 결코 적절했다고 보기 어렵습니다. 단지 기자가 피살되었다는 사실 자체뿐 아니라, 그것이 암살일 가능성이 상당한 상황에서 이스라엘군이 TV 카메라 앞에서 장례 행렬과 관을 들고 있던 조문객들까지 공격한 장면은 정말 충격적이었죠. 관이 거의 떨어질 뻔했던 그 장면은 이스라엘의 극단적 우경화가 어느 정도까지 진행되었는지, 그리고 미국이

라는 '우군'이 어떤 행동이든 사실상 묵인할 것이라는 자신감을 이스라엘이 얼마나 키워왔는지를 보여 주는 단적인 사례입니다. 특히 트럼프 행정부 4년 동안 이스라엘에 지나칠 정도로 호의를 베풀며, 팔레스타인 측 입장을 철저히 외면한 점을 감안하면 그 자신감이 전혀 근거 없는 것만은 아니죠.

여론조사를 직접 확인해 본 것은 아니지만 트럼프가 헝가리의 '비자유적 민주주의' 체제에서도 인기가 있을 것이라는 추측은 그리 놀랍지 않습니다. 트럼프 자신이 오르반 정권을 공개적으로 칭찬해 왔고, 극우 성향의 미디어 인물인 터커 칼슨은 사실상 오르반 총리를 숭배하듯 다루기도 했으니까요.

오늘날 헝가리는 이스라엘과도 긴밀한 동맹 관계를 맺고 있는데, 이는 두 나라가 공유하는 인종주의적 태도와 관행, 그리고 서구 진보 세력이 자신들을 도덕적으로 심판하고 무시한다고 느끼는 공통된 피해의식이 양국을 더욱 밀착시키고 있기 때문일 겁니다.

바이든 대통령이 이스라엘에 대한 확고한 지지를 표명한 것이 국내 정치적으로 어느 정도 득이 될지는 아직 불확실합니다. 과거와는 달리 그의 진보 성향 지지층 사이에서는 이제 이스라엘의 범죄적 행태를 더 이상 묵과할 수 없다는 인식이 확산하고 있기 때문이죠.

오늘날 오히려 이스라엘에 대한 전폭적인 지지는 복음주의자들과 극우 성향 유권자들 사이에서 더 강하게 나타나고 있습니다. 이들 중 일부는 바이든 대통령이 정당하게 선출되지 않았다고 믿고 있으며, 심지어 그와 민주당 지도부가 아동 성범죄를 위한 조직적인 음모를 꾸미고 있다고 확신하기도 하죠. 그럼에도 바이든은 일정 수준의 정치적 이득을 얻을 가능성이 있습니다. 동시에 이러한 입장은 외교 정책을 주도하는 강경파들에게 그가 '이스라엘-사우디 동맹을 통한 이란 견제'라는 기존 노선을 충실히 따르고 있다는 신호로 받아들여질 것입니다. 바이든 대통령이 이스라엘과 아랍 국가 간의 동맹을 더욱 강화하길 바랄 수는 있겠지만, 실제로는 이들이 그의 지원을 절실히 필요로 하지는 않습니다. 외교적 수사를 걷어내고 보면, 이 동맹은 이미 1967년부터 굳건하게 자리 잡아 왔으니까요.

당시 아랍 세계는 사우디를 중심으로 한 급진 이슬람 세력과 이집트를 축으로 한 세속 민족주의 세력 간의 격렬한 갈등에 휩싸여 있었습니다. 실제로 예멘에서는 양측이 전쟁을 벌이기도 했죠. 영국과 마찬가지로 미국 역시 급진 이슬람 세력이 제국주의적 지배에 덜 위협적이라고 판단하고 그들을 지지하는 경향을 보였으며, 이스라엘은 이 갈등에서 사실상 사우디 측에 승리를 안겨주며 중동 정세를 잠시 진정시키는 데 기여했습니다. 바로 이 시점부터 미국의 이스라엘 지지는 오늘날까지 이어지는 극단적인 형태로 고착되었죠.

이러한 지지는 미국의 중동 전략을 구성하는 세 축, 곧 이스라엘, 사우디아라비아, 그리고 팔레비 왕조 시절의 이란을 중심으로 전개됐습니다. 표면적으로는 이 세 국가가 서로 적대적인 관계에 있는 듯 보였지만, 실제로는 암묵적인 동맹 관계였고, 특히 이스라엘과 이란은 긴밀한 협력 관계를 유지하고 있었습니다. 아브라함 협정은 이스라엘과 아랍 국가 간의 기존 관계를 공식적인 동맹으로 격상시켰으며, 현재는 참여국들이 다소 바뀌었음에도 공통의 이해관계를 중심으로 외부 개입 없이도 안정적으로 유지되고 있는 듯합니다. 바이든 대통령이 여기에 별도로 기여할 수 있는 부분은 거의 없습니다. 미국의 지지는 이미 분명하고 충분하니까요.

C. J. 폴리크로니우

|||| 이번 만남이 팔레스타인 지도자들에게 과연 어떤 실질적인 성과로 이어질 수 있을까요? 아니면 결국 미국 대통령과 함께 찍은 사진 한 장 이상의 의미를 기대하긴 어려운 걸까요?

— **노엄 촘스키**

|||| 만약 그조차 없다면 사면초가에 처한 팔레스타인에는 또다시 불필요하고 적대적인 선전이 쏟아질 것입니다. 실질적인 성과는 없겠지만, 지금으로서는 그것이 그나마 가장 덜 나쁜

선택처럼 보입니다. 적어도 이 좁은 국면에 한정해서는 말이 죠. 팔레스타인의 진정한 희망은 전혀 다른 곳에 있습니다. 이런 말이 다소 뜻밖으로 들릴 수도 있겠지만, 1967년 이스라엘이 군사력을 입증한 이후 미국이 보여 온 전례 없는 지지를 생각하면 더욱 그렇습니다. 그럼에도 어쩌면 팔레스타인의 희망은 미국 내부에 있을지도 모릅니다.

이스라엘의 행동에 대한 과거의 확고했던 지지가 점차 흔들리고 있는 조짐이 보이고 있습니다. 진보 진영 내 여론은 팔레스타인 인권을 지지하는 방향으로 이동하고 있으며, 유대인 공동체 내부에서도 이러한 변화가 감지되고 있습니다. 200만 명의 주민이 갇힌 '야외 감옥' 가자 지구에서 점점 심화하는 고문과 억압의 현실은 특히 많은 이에게 큰 충격을 안기고 있습니다.

이러한 변화들은 아직 미국의 공식 정책에까지는 영향을 미치지 못하고 있지만, 이스라엘의 지속적인 우경화와 거의 매일 벌어지는 범죄 행위들이 더 이상 감추거나 정당화하기 어려워질수록, 이러한 여론의 변화는 점점 더 뚜렷해질 가능성이 큽니다. 만약 팔레스타인이 내부의 깊은 분열을 극복하고, 미국 내에서도 실질적인 연대 운동이 성장한다면, 민중 간의 연대를 넘어 정부 정책에도 변화를 일으킬 수 있을 것입니다.

이러한 가능성은 분명한 역사적·정치적 맥락 속에서 이해되어야 합니다.

1970년대, 이스라엘은 안정보다 팽창을 택하는 중대한 결정을 내렸고, 이는 국제 사회에서 점차 힘을 얻고 있던 평화 정착안의 기회를 거부하는 선택이기도 했습니다. 이 결정은 필연적으로 미국에 대한 의존을 심화시켰고, 이는 곧 미국의 요구에 따를 수밖에 없다는 상황을 의미했지요. 오바마 이전의 모든 미국 대통령은 다양한 방식으로 이러한 요구를 해 왔고, 이스라엘은 마지못해 이를 수용할 수밖에 없었습니다.

만약 미국 정부의 정책에 실질적인 변화가 생긴다면, 이는 이스라엘이 선택할 수 있는 정책의 범위에도 중대한 영향을 미치게 될 것입니다. 그렇게 된다면 오랜 시간 좌절되어 온 팔레스타인 지역의 '정의로운 평화'라는 목표에도 한 걸음 다가설 수 있는 기회가 열릴지 모릅니다. 더 나아가 억압적인 권력 구조의 이해관계만을 반영하는 기존 질서가 아닌, 더 나은 삶을 위해 끊임없이 싸워 온 지역 주민들의 목소리를 반영한 새로운 협정으로 나아갈 가능성도 있습니다.

* 노엄 촘스키 *

이란 제재, 잘못 겨눠진 '응징의 화살'

2022년 11월 23일

C. J. 폴리크로니우

▌▌▌▌▌ 노엄, 이번 시위는 처음에는 이란 여성들이 정부의 이슬람 정책, 특히 복장 규정에 반대하며 시작했지만, 이제는 체제 전반의 개혁 실패에 대한 항의로 확산된 것처럼 보입니다. 경제 상황도 악화일로에 있어 많은 시민이 변화를 요구하며 거리로 나오고 있죠. 교사, 상인, 산업 노동자들이 농성과 파업에 참여하고 있으며, 여러 민족 집단 사이에서도 정부에 대한 분노를 공유하며 전례 없는 단결이 이뤄지고 있는 듯합니다.

　이는 이슬람 공화국 성립 이후 처음 있는 일일 수도 있습니다. 이러한 설명이 당신의 시각과도 일치하나요? 그렇다면 지금 이란에서는 혁명이 진행 중이라고 말할 수 있을까요?

── **노엄 촘스키**

▥ 제가 보기에도 현재 상황에 대한 설명은 상당히 정확해 보입니다. 다만 '혁명이 진행 중'이라는 표현은 다소 과장일 수 있습니다. 이번 사태는 그 규모와 강도 면에서 매우 주목할 만하며, 무엇보다도 잔인한 탄압에 맞서 싸우는 용기와 저항의 모습이 인상적입니다. 특히 젊은 여성들이 중요한 선도적 역할을 하고 있다는 점은 눈여겨볼 만하죠. 다만 '선도적 역할'이라는 표현은 약간의 오해를 불러일으킬 수 있습니다. 이번 항쟁은 뚜렷한 지도자 없이 자발적으로 전개되고 있으며, 현 체제의 타도 외에 명확한 목표나 구체적인 대안이 보이지 않는다는 점에서 신중한 해석이 필요합니다.

우리는 이란 내 여론에 대해 매우 제한된 정보만을 가지고 있습니다. 특히 지방 지역에서는 여전히 종교 지도자들과 정권에 대한 지지가 상당할 수 있다는 점도 고려해야 합니다.

이란의 소수민족인 쿠르드족과 발루치족이 거주하는 지역에서는 정부의 탄압이 더욱 가혹하게 이루어지고 있습니다. 전체적인 사태의 전개는 최고지도자 알리 하메네이의 대응에 달려 있다고 봅니다. 하메네이를 오랫동안 지켜본 이들에 따르면, 그는 1979년 이란 혁명 당시 국왕 샤SHAH가 실각한 경험에 깊이 영향을 받은 인물입니다. 하메네이는 샤보다 단호하고 강경하게 대응했더라면 시위를 진압할 수 있었을 것이라는 견해, 즉 미국과 이스라엘 강경파의 평가에 공감할 가능성이 큽니다. 당시 이스라엘의 실질적인 이란 대사였던 우리 루브라니는 "저는 비교적 소수의 단호하고, 무자비하며, 잔인한 세력이 테헤란을 장악할 수 있다고 확신합니다. 그 지도자들은 수천 명, 심지어 수만 명을 죽일 준비가 되어 있어야 합니다."라고 말했습니다. 이와 비슷한 입장은 CIA 전 국장 리처드 헬름스, 카터 행정부의 국방부 고위 인사였던 로버트 코머 등도 공유하고 있었죠.

현재 시위가 지속된다면 하메네이 역시 이와 유사한 노선을 따르며 훨씬 강경한 폭력 진압을 지시할 가능성이 있습니다. 다만 그 결과가 어떨지는 아직 확실치 않으며, 관련 정보가 충분치 않아 단정적인 예측은 어렵습니다.

C. J. 폴리크로니우

|||| 서구 사회는 이란에서 벌어지는 시위를 흔히 세속적이고 민주적인 이란을 향한 투쟁으로 단순화해 해석하는 경향이 있습니다. 그러나 이러한 해석은 현재 이란 내 혁명적 세력이 처한 복잡한 현실을 온전히 반영하지 못합니다. 이들은 이란 정부의 억압에 맞서 싸

우고 있을 뿐만 아니라 신자유주의와 미국의 영향력에도 비판적인 시각을 갖고 있습니다.

한편, 이란 정부는 이번 시위를 외국 세력이 개입한 결과로 규정하고 강경하게 진압하고 있습니다. 이는 2010~2011년 아랍 세계에서 벌어진 시위들에서 외부 세력이 중요한 역할을 했던 사실을 떠올리게 합니다.

― 노엄 촘스키

미국과 이란의 관계는 오랫동안 악화된 상태였습니다. 1979년 이란 혁명으로 친미 정권이 무너진 이후, 미국은 이란을 주요 적국으로 간주하며 다양한 방식으로 이란을 약화시키려 해 왔습니다. 예컨대, 1980년대 이란-이라크 전쟁 당시, 미국은 사담 후세인 정권을 지원해 이란을 공격하게 했고, 때로는 미국 스스로 이란을 굴복시키려는 조치까지 취했습니다. 이러한 경험은 이란 국민들, 특히 현 집권 세력에게 여전히 깊은 상처로 남아 있습니다.

전쟁 이후에도 미국은 이란에 대해 강도 높은 제재를 지속했고, 이 제재에는 미국 내 여야 모두가 대체로 동의해 왔습니다. 조지 H. W. 부시 행정부 시절, 미국은 이라크의 핵 엔지니어들을 자국으로 초청해 고급 핵무기 기술을 전수했으며, 사담 후세인에게는 미국의 전폭적인 지원을 약속하는 고위급 대표단을 파견하기도 했습니다. 이 모든 조치는 이란에 명백한 위협으로 인식됐습니다. 이란에 대한 제재는 지금까지도 지속되고 있으며, 미국의 전통적 동맹국들도 대체로 이 같은 기조에 동참하고 있습니다.

과거 영국은 이란에 강한 영향력을 행사했으며, 1953년에는 이란의 민주 정부를 전복하는 데 직접 관여하기도 했습니다. 그 후 미국이 이란에 대한 지배적 영향력을 행사하게 되었고, 지금도 영국은 대체로 미국의 대이란 정책을 따르는 입장입니다.

이스라엘 역시 1979년 이후 이란을 최대의 적으로 간주해 왔습니다. 과거에는 이란의 군주였던 팔라비 국왕(샤)과 비밀리에 협력했으나, 현재 이스라엘은 이란 현 체제를 전복시키기 위해 가능한 모든 수단을 강구하고 있는 것으로 보입니다.

C. J. 폴리크로니우

▎미국과 유럽연합은 이란 정부의 시위 탄압에 대응해 새로운 제재 조치를 발표했습니다. 하지만 지금까지의 사례를 보면, 이런 제재가 오히려 역효과를 낳은 것은 아닐까요? 일반적으로 제재를 받은 정권들은 더 권위주의적으로 변하고, 억압적 통치가 심화하는 경향이 있었습니다. 게다가 정작 제재의 표적인 권력층보다 일상적인 삶을 살아가는 일반 시민들이 훨씬 더 큰 고통을 겪게 되지 않나요?

노엄 촘스키

▥ 이런 문제를 다룰 때 우리는 항상 이렇게 물어야 합니다. 누구에게 역효과가 발생하는가? 일반적으로 제재는 말씀하신 것처럼 권력층보다 민중에게 더 큰 고통을 안기고, 정권은 오히려 더 권위주의적인 방향으로 나아가는 경향이 있습니다. 만약 표면적으로 내세운 고귀하고 인도적인 목적이 실제 목표였다면, 이런 결과는 오히려 역효과라고 볼 수 있을 것입니다. 하지만 실제로는 그런 경우가 거의 없습니다. 제재는 이란 경제에 심각한 타격을 주었고, 그로 인해 막대한 고통이 발생했습니다. 그러나 바로 이것이 미국이 40년 넘게 추구해 온 목표였습니다.

반면 유럽의 입장은 조금 다릅니다. 유럽 기업들은 이란을 투자, 무역, 자원 개발의 기회로 보고 있지만, 미국의 압박 정책 때문에 이 모든 활동이 제약을 받고 있습니다. 미국 기업들도 마찬가지입니다. 이란과 쿠바의 사례는 흔치 않지만 매우 주목할 만합니다. 이 두 나라와의 관계에서는 보통 정부를 좌우하는 대기업들의 단기적 이익조차 특별히 보호받지 못하고 있죠. 그 대신 미국 정부는 자신들의 통제를 벗어나려는 위험한 독립성을 억누르려 하며, 더 넓은 계급적 이해를 추구합니다. 이는 단지 현재의 문제가 아니라 뿌리 깊은 역사적 배경을 가진 사안입니다. 이란의 경우 그 시작은 1953년 미국의 개입으로 거슬러 올라가며, 쿠바는 1959년 혁명 이후부터 지금까지 이어지고 있습니다.

C. J. 폴리크로니우

▏ 마지막 질문입니다. 이란의 시위가 중동 전역에 어떤 영향을 미칠 수 있을까요?

— **노엄 촘스키**

▏ 결과가 아직 불확실하므로 그 영향 또한 매우 가늠하기 어렵습니다. 어떤 결말이 나더라도 중동 전체에 즉각적이거나 대규모의 변화를 일으킬 가능성은 작아 보입니다.

이란은 시아파 국가로 수니파가 다수를 차지하는 중동 지역에서 상대적으로 고립된 위치에 있습니다. 걸프 지역의 수니파 독재 국가들이 최근 이란과의 관계를 점진적으로 개선하려는 움직임을 보이고 있지만, 이는 미국에는 불편한 일일 수밖에 없습니다. 하지만 이들 국가는 자체적으로 억압적인 통치를 유지해 왔기 때문에 이란 내에서 시위나 탄압이 발생하더라도 공개적으로 강하게 반응하진 않을 것입니다. 만약 이란에서 대중적인 혁명이 성공적으로 일어난다면, 수니파 국가들에는 분명한 위협으로 인식될 수 있습니다. 헨리 키신저 Henry Kissinger의 표현을 빌리자면, 이는 '확산하는 전염'처럼 주변국에 파급력을 가질 수 있겠죠. 그러나 그런 상황이 실제로 일어날 가능성은 아직 상당히 낮다고 봅니다. 따라서 그에 대한 구체적인 예측을 하기엔 이르다고 생각합니다.

* 노엄 촘스키 *

이란 핵을 둘러싼 진짜 게임은 따로 있다

2022년 9월 24일

C. J. 폴리크로니우

▐▐ 노엄, 미국과 이란은 오랫동안 대립 관계를 이어오고 있으며, 지금은 대화조차 쉽지 않은 상황입니다. 양국은 왜 이렇게까지 서로를 적대하게 되었을까요? 그리고 이 끊이지 않는 갈등 속에서 이스라엘의 존재는 얼마나 큰 영향을 미치고 있다고 보십니까?

— **노엄 촘스키**

▐▐ 같은 말을 반복하는 것처럼 들릴지 모르지만, 이 문제를 둘러싼 논의의 틀 자체가 심각하게 왜곡되어 있다는 점을 다시

한번 강조하고 싶습니다. 이는 미국의 거대한 선전 체계가 얼마나 강력하게 작동하는지를 보여 주는 대표적인 사례이기도 하죠.

미국 정부는 수년간 이란의 핵 프로그램을 세계 평화에 대한 가장 심각한 위협 중 하나라고 주장해 왔고, 이스라엘 역시 그 위험을 용납하지 않겠다는 견해를 분명히 밝혀왔습니다. 이에 따라 미국과 이스라엘은 그 '위협'을 제거한다는 명분으로 다양한 형태의 폭력을 행사해 왔습니다. 사이버전과 각종 사보타주(방위 차원에서 정당화되는 자위적 폭력으로 간주함), 이란 핵 과학자들에 대한 수차례 암살, 국제법, 나아가 미국 헌법까지도 위반하는 무력 사용 위협('모든 옵션이 테이블 위에 있다'는 식의 발언 포함)이 그 예입니다.

분명 이 문제는 매우 심각하게 여겨지고 있으며 그렇다면 우리는 이를 해결할 방안이 있는지를 묻는 것이 타당합니다. 그에 대한 명백한 해답이 하나 있습니다. 중동 지역에 핵무기 없는 지대NWFZ를 설정하고, 국제적인 검증 체계를 시행하는 것이죠. 이러한 체계는 효과적으로 작동할 수 있다는 점이 이미 입증되었고, 미국 정보기관조차도 합의JCPOA가 파기되기 전까지는 이란의 핵 프로그램에 대한 국제 검증이 성공적이었다는 데 이견이 없습니다.

이 방식은 이란 핵 프로그램에 대한 우려를 해소하고, 전쟁이라는 중대한 위협을 종식할 수 있는 현실적 해결책입니다. 그렇다면 문제는 무엇일까요?

그 장애물은 아랍 국가들이 아닙니다. 이들은 수십 년간 이 방안을 지지해 왔습니다. 이란도 마찬가지입니다. 글로벌 사우스(G77, 134개 개발도상국) 대부분도 이 구상을 지지하고 있으며, 유럽 역시 공식적인 반대를 표하지 않았습니다.

결국 언제나 그렇듯이 이 구상의 가장 큰 걸림돌은 바로 두 나라 미국과 이스라엘입니다. 여러 가지 명분이 제시되지만 실상 우리는 그 대부분을 무시해도 됩니다. 그 이유는 누구나 알고 있죠. 미국은 중동 지역에서 유일하게 핵무기를 보유한 이스라엘의 대규모 핵무기 보유를 결코 국제 사찰의 대상으로 삼지 않기 때문입니다. 사실 미국 정부는 공식적으로 이스라엘이 핵무기를 보유하고 있다고 인정하지 않습니다. 물론 이는 누구도 의심하지 않는 사실입니다. 아마도 미국이 이를 공식적으로 인정할 경우, 미국 법률에 따라 이스라엘에 대한 대규모 군사 지원이 불법이 될 가능성이 있기 때문일 겁니다. 이는 미국 정치권 누구도 건드리고 싶어 하지 않는 민감한 사안입니다.

이 모든 문제는 미국 내부에서 거의 논의조차 되지 않습니다. 군비 통제 전문가들 사이에서 간헐적으로 언급될 뿐이고, 대중 매체에서는 사실상 금기시되고 있죠. 다만 예외적으로 1년 전 《뉴욕타임스》 편집진이 '이란 문제 해결의 한 가지 방안:

핵무기 없는 페르시아만'이라는 제안을 내놓은 바 있습니다. 여기서 주목할 점은 '중동'이 아니라 '페르시아만'이라는 표현을 썼다는 사실입니다. 편집진의 설명에 따르면, 이는 이스라엘의 핵무기가 '공식적으로 인정되지 않으며, 협상의 대상이 아니다'라는 이유 때문입니다. 더 명확히 말하자면, 이스라엘의 핵무기는 미국이 인정하지 않으며, 미국의 압력으로 인해 협상 테이블에 오를 수조차 없다는 뜻입니다.

간단히 말해, 세계 평화에 대한 이 심각한 위협을 해결하기 위한 명확한 접근법이 있지만, 이는 세계의 패권을 쥔 미국에 의해 차단되어 있습니다. 미국의 힘이 너무나 막강하므로 이 문제는 거의 논의조차 되지 못하고 있습니다. 대신 우리는 미국의 힘이 부과한 틀을 받아들여야 하며, 이란의 핵무기 문제에 대한 어떤 형태의 합의든 그것을 재개하는 논의에만 집중해야 합니다.

마지막으로, 다시 문제의 핵심으로 돌아가 보겠습니다. 이스라엘의 역할은 단순한 배경 요소가 아닙니다. 이스라엘은 이 이야기의 중심에 있습니다. 이란에 대한 지속적인 폭력적 공격, 그리고 초강대국인 미국의 보호 아래 '공식적으로 인정되지 않은' 핵무기를 보유함으로써, 이스라엘은 외교적 해결의 길 자체를 봉쇄하고 있는 것이죠.

'상호 증오'라는 표현을 쓸 때, 우리가 지칭하는 대상은 양국의 국민이 아니라 정부라는 점을 분명히 할 필요가 있습니다. 미국과 이란은 오랜 기간 적대적 관계로 알려져 있지만, 과거에는 매우 긴밀한 동맹이었던 시기도 있었습니다. 1953년, 미국이 이란의 합법적인 의회 정부를 전복하고 샤(왕정)의 독재 체제를 복원한 이후, 양국은 1979년까지 밀접한 관계를 유지했죠. 그러다 대중 봉기에 의해 샤가 축출되고, 이란이 미국의 '우호적 친구'에서 '증오의 대상'으로 바뀌면서 관계가 급격히 악화된 것입니다.

이란은 이후 이라크의 침공을 받았고, 당시 새로 출범한 레이건 행정부는 이라크의 사담 후세인에게 대규모 군사적, 경제적 지원을 제공했습니다. 이란은 화학무기를 포함한 막대한 피해를 보았지만, 미국은 이를 무시했을 뿐 아니라 후세인이 자국 내 쿠르드족을 상대로 벌인 화학전의 책임을 오히려 이란에 전가하려는 시도까지 했습니다. 결국 미국의 직접적인 개입으로 전쟁은 이라크에 유리하게 전개됐습니다.

전쟁이 끝난 뒤에도 미국의 위협은 계속됐습니다. 조지 W. 부시 행정부는 이라크의 핵 기술자들을 미국으로 초청해 무기 개발 관련 고급 교육을 제공했는데, 이는 이란 측에서는 명백한 안보 위협이었습니다. 여기에 더해, 미국은 이란에 대해 끊임없이 가혹한 제재를 가했고, 지금까지도 그 기조는 이어지고 있습니다. 미국이 이란에 대해 제기하는 혐의들은 이제 너무나 익숙해 굳이 다시 설명할 필요조차 없을 정도입니다.

C. J. 폴리크로니우

|||| 당연하게도 미국과 이란 간의 핵 협상은 다시 교착 상태에 빠졌고, 2015년 핵 협정을 복원하는 합의가 가까운 시일 내에 이루어질 가능성은 매우 낮아 보입니다. 어쩌면 영원히 불가능할 수도 있겠지요.

그렇다면 첫째, 현재 이 협상에서 가장 큰 걸림돌은 무엇이라고 보십니까? 둘째, 이란이 2015년 핵 합의JCPOA를 체결하면서도 이스라엘의 핵무기 보유에 대해 아무런 조건을 달지 않고 협상에 응했다는 사실은 이미 이란이 엄청난 양보를 한 것 아닌가요?

— 노엄 촘스키

|||| 유럽 중재를 통한 협상은 적어도 미국의 11월 선거 이후까지는 보류된 상태로 보입니다. 여러 쟁점에서 여전히 의견 차이가 존재하는 가운데, 현재 가장 핵심적인 쟁점으로는 이란이 2003년 이전에 비공개로 핵무기 개발 프로그램을 운영했는지를 둘러싼 논란과 이에 대한 우라늄 흔적 조사를 이란이 미루고 있다는 점이 지적되고 있습니다. 반면, 이스라엘의 핵무기 프로그램은 미국의 결정에 따라 협상 의제에서 완전히 배제되

어 있으며 사찰조차 이루어지지 않고 있죠.

C. J. 폴리크로니우

우크라이나 전쟁 발발 이후, 이란과 러시아 간의 관계는 더욱 밀접해졌습니다. 이러한 테헤란 지도부의 행보는 서방과의 완전한 결별을 의미하는 신호일까요?

─ 노엄 촘스키

현재의 교착 상태는 더 이상 악화하기 어려운 국면에 이르렀으며, 이란과 러시아의 긴밀한 협력은 좀 더 광범위한 세계 질서 재편의 하나로 볼 수 있습니다. 이 재편은 러시아와 중국 간의 협력을 포함한 주요 아시아 국가 간의 연대 강화로 이어지고 있으며, 그 구체적인 형태는 아직 불투명합니다.

그렇다면, 이스라엘이 이란의 핵 시설을 공격할 가능성은 얼마나 될까요? 이스라엘은 이미 여러 차례 사보타주와 암살을 통해 이란의 핵 시설을 공격해 왔습니다. 앞으로도 이란이 핵무기 생산 능력을 갖추는 것을 막기 위해 더욱 강경한 조치가 취해질 가능성이 큽니다. 이는 이미 여러 국가가 보유한 기술적 능력이기도 하죠.

이란의 지도자들은 일관되게 핵무기를 보유할 의도가 없다고 주장해 왔습니다. 물론 그들의 전략적 사고가 실제로 어떤 지는 단정할 수 없습니다. 어쩌면 그들 역시 미국의 핵전략을 모델로 삼고 있을지도 모릅니다. 미국 전략사령부는 냉전 이후의 핵전략을 설명하면서 다음과 같은 원칙을 강조했죠.

> "핵무기는 항상 사용 가능한 상태로 준비되어 있어야 하며, 모든 위기와 갈등의 그림자처럼 존재해야 한다."

다니엘 엘스버그가 지적했듯이 핵무기는 실제 사용되지 않더라도 다른 공격적 행동을 보복에 대한 두려움 없이 실행할 수 있게 하는 수단으로 지속적으로 활용됐습니다.

동기가 무엇이든 간에 핵무기는 이란뿐 아니라 세계 모든 국가로부터 완전히 제거되어야 합니다. 비핵지대는 이를 실현하기 위한 첫걸음이며, 더 나아가 유엔의 핵무기금지조약TPNW은 한층 진전된 수단이 될 수 있습니다. 비록 기존 핵보유국들은 아직 이 조약에 참여하지 않았지만, 이란은 협상 과정에 적극적으로 참여했으며, 조약이 채택될 당시 찬성한 122개국 중 하나였습니다. 다만 아직 서명은 하지 않은 상태입니다.

이 문제는 모든 국가가 진지하게 고민해야 할 중대한 사안입니다. 지구상의 모든 생명체의 안전을 좌우할 핵심적 과제이기 때문입니다.